U0941599

国家体育锻炼标准工作指导手册

国家体育总局群体司　编

人民体育出版社

图书在版编目（CIP）数据

国家体育锻炼标准工作指导手册 / 国家体育总局群体司编 . -- 北京 : 人民体育出版社 , 2020（2023.2 重印）

ISBN 978-7-5009-5679-2

Ⅰ . ①国… Ⅱ . ①国… Ⅲ . ①体育锻炼标准—中国 Ⅳ . ① G812.37

中国版本图书馆 CIP 数据核字 (2019) 第 228713 号

*

人民体育出版社出版发行
北京建宏印刷有限公司印刷
新华书店经销

*

880×1230　32 开本　4.75 印张　120 千字
2020 年 5 月第 1 版　2023 年 2 月第 3 次印刷
印数：3,501—4,000 册

*

ISBN 978-7-5009-5679-2
定价：38.00 元

社址：北京市东城区体育馆路 8 号（天坛公园东门）
电话：67151482（发行部）　　邮编：100061
传真：67151483　　邮购：67118491
网址：www.psphpress.com
（购买本社图书，如遇有缺损页可与邮购部联系）

前 言
PREFACE

为构建全民健身公共服务体系，激发广大人民群众参加体育锻炼的积极性和主动性，不断增强体育意识，提高全民族的身体素质和健康水平，根据《中华人民共和国体育法》《全民健身条例》，2013 年 12 月 16 日，体育总局、教育部、全国总工会印发了《国家体育锻炼标准施行办法》，组织和推进《国家体育锻炼标准》的实施。《国家体育锻炼标准》是以 20 世纪 50 年代《劳动卫国体育制度》为基础，历经多次重大修改以及覆盖人群和测验内容的多次演变发展而来，是我国一项以提高公民身体素质为目的，通过测验达标的手段，来检验公民体育锻炼效果的基本体育制度。2019 年 6 月 11 日，体育总局、卫生健康委、全国总工会、共青团中央联合印发《关于广泛开展国家体育锻炼标准达标测验活动的通知》（体群字〔2019〕95 号），就进一步完善全民健身激励机制，激发广大人民群众参加体育锻炼的积极性和主动性，在全国部署构建多层次、系统化、规范化的国家体育锻炼标准达标测验活动体系。

《国家体育锻炼标准》适用于 6~69 周岁的健康公民，按年龄分为儿童、少年、青年、壮年和老年五个组别，每个组别分男、女两类人群。测验项目类别涵盖人体的速度、耐力、力量、灵敏、柔韧五类身体素质，每类身体素质中又分别设置若干项运动形式，每人可在每类中选测一项（老年组五项均测）。评级标准分为优秀、良好、及格和不及格四个等次。优秀、良好、及格三个等次，每个等次共有三个等级，共九个等级。优秀等级标准：一级 500 分、二级 450~499 分、三级 400~449 分；良好等级标准：四级 375~399 分、五级 350~374、六级 320~349 分；及格等级标准：七级 280~319 分、八级 240~279 分、九级 200~239 分；不及格等级标准：199 分（含）以下。对积极参与《国家体育锻炼标准》测验活动并取得良好成绩的受测者以颁发奖章和证书等方式进行激励。

为更好地推行《国家体育锻炼标准》，推动各级体育行政部门认真组织国家体育锻炼标准相关达标测验工作，国家体育总局群体司组织相关专业研制单位编写了《国家体育锻炼标准工作指导手册》，详细介绍了测验项目的测验过程、测验表格及测验流程、测验注意事项、测验器材准备、测验场地的设计和布置、测验成绩、评分与评级。为了规范测验过程，方便测验数据的统计管理，本书还配有各测验项目视频演示及测验统计系统软件。

各级体育行政主管部门应认真贯彻、实施体育总局、教育部、全国总工会印发的《国家体育锻炼标准施行办法》，把推行《国家体育锻炼标准》作为落实《中华人民共和国体育法》《全民健身条例》的一项重要举措去实施，广泛开展本区域内的国家体育锻炼标准达标测验工作。

目 录
CONTENTS

PART 01

第一部分

《国家体育锻炼标准施行办法》有关文件

1.1 历史沿革

我国现行的《国家体育锻炼标准》制度，是在20世纪50年代《劳动卫国体育制度》的基础上发展起来的，是我国一项基本体育制度。

20世纪50年代颁布的《劳动卫国体育制度》和60年代的《青少年体育锻炼标准》在当时对整个社会人群的健康状况起到了非常积极的作用。随着时代的发展，1964年制定的《青少年体育锻炼标准》分别在20世纪八九十年代经过两次修订，成为《国家体育锻炼标准》，但是其针对广大学生的方向并没有改变，并不能成为全社会普通人群监督自己健康状况的综合性标准。

对此，2003年体育总局联合8个部委对《国家体育锻炼标准》进行了第三次修订，颁布了《普通人群体育锻炼标准》，它与同时期出台的《学生体质健康标准》互为补充，是指导我国国民进行体育锻炼、评定健身效果的两项重要标准。

2013年12月16日，体育总局、教育部、全国总工会印发《国家体育锻炼标准施行办法》中修订的《国家体育锻炼标准》，是在青少年和普通人群锻炼标准的基础上进行补充和完善，依然包括力量、速度、耐力、灵敏、柔韧五类身体素质测验项目。最大的不同是实现了6~69岁人群的全覆盖，在项目设置上删繁就简，在保持测验项目一致性的同时，兼顾各年龄组的身体特点。《国家体育锻炼标准施行办法》提出："教育部负责制定、实施学校学生体育锻炼标准和施行办法。" 2014年，教育部关于印发《国家学生体质健康标准（2014年修订）》的通知中提出："《国家学生体质健康标准》是《国家体育锻炼标准》在学校的具体实施，适用于全日制普通小学、初中、普通高中……”

如果说五六十年前，全民掀起的体育锻炼热潮是为了保家卫国，而今天，越来越多的国人积极参加体育运动则是源于对健康人生、美好生活的追求。伴随着新中国的成长，《国家体育锻炼标准》在培养群众健身意识、健身观念、科学健身等方面发挥了不可替代的作用。对于参加国家体育锻炼标准达标测验的广大群众来说，可以更清楚地了解自己的身体状况和运动能力，可以更科学和有针对性地参加体育运动；对于国家来说，通过进行国家体育锻炼标准达标测验和收集、分析相关数据，可以更全面、系统地掌握国民的身体素质情况，为相关决策提供重要参考。

如果以 20 世纪 50 年代颁布的《劳动卫国体育制度》为起点，《国家体育锻炼标准》至今已经走过了 60 多年的春秋岁月。

1.2 体育总局　教育部　全国总工会关于印发《国家体育锻炼标准施行办法》的通知

体群字〔2013〕153号

各省、自治区、直辖市、新疆生产建设兵团体育局、教育厅（教委、教育局）、总工会：

为构建全民健身公共服务体系，激发广大人民群众参加体育锻炼的积极性和主动性，不断增强体育意识，提高全民族的身体素质，根据《中华人民共和国体育法》《全民健身条例》，已对《国家体育锻炼标准施行办法》进行修订。

现将修订后的《国家体育锻炼标准施行办法》印发给你们。

体育总局　教育部　全国总工会

2013年12月16日

1.3 国家体育锻炼标准施行办法

第一章 总 则

第一条 为激发公民参加体育锻炼的积极性和主动性，提高身体素质，根据《中华人民共和国体育法》和《全民健身条例》，制定本办法。

第二条 本办法规定的《国家体育锻炼标准》（以下简称《锻炼标准》）是以检验公民体育锻炼效果、评价身体素质为目的，以测验达标为手段的评价体系。

第三条 实施《锻炼标准》是一项基本体育制度，由有关部门负责，在国家机关、企业事业单位、学校、社区、乡村和有关组织中全面开展。

第四条 鼓励和提倡公民在积极参加体育锻炼的基础上定期参加《锻炼标准》测验，争取达到标准并不断提高。

第五条 有关部门和单位可以根据实际情况制定实施特定人群的体育锻炼标准和施行办法，并报国家体育总局备案。

教育部负责制定、实施学校学生体育锻炼标准和施行办法。

全国性单项体育协会可以制定单项体育锻炼标准，报国家体育总局备案。

第二章 标准内容

第六条 《锻炼标准》适用于6~69周岁的健康公民，按年龄分为儿童、少年、青年、壮年和老年五个组别，每个组别分男、女两类人群。

第七条 《锻炼标准》包括年龄分组、测验项目、评级标准、评分标准和测验细则五部分。

第八条 《锻炼标准》的测验项目涵盖人体的力量、速度、耐力、灵敏、柔韧五类素质。

第九条 《锻炼标准》的评级标准分为优秀、良好、及格和不及格四个等级。

第三章 组织管理

第十条 国家体育总局负责全国的《锻炼标准》实施工作。

县级以上地方人民政府体育主管部门负责本行政区域内的《锻炼标准》实施工作。

第十一条 全国总工会和全国性人群体育协会负责本系统的《锻炼标准》实施工作。

第十二条 负责《锻炼标准》实施工作的部门和单位应当根据本办法和实际情况制定《锻炼标准》实施细则。

第十三条 负责《锻炼标准》实施工作的部门和单位应当将《锻炼标准》实施工作所需经费纳入预算，广泛宣传实施《锻炼标准》的目的、意义，并利用信息化手段定期收集和反馈实施《锻炼标准》的有关情况。

第十四条 县级以上地方人民政府教育主管部门负责本行政区域内学校学生体育锻炼标准实施工作。

第十五条 全国性单项体育协会应当将实施《锻炼标准》纳入工作计划，并与普及推广体育项目相结合。

第四章 测验达标

第十六条 国家机关、企业事业单位和有关组织应当发动、组织本单位人员开展《锻炼标准》测验达标活动，并与工间（前）操和业余健身活动、运动会、体质测定等结合起来。

第十七条 基层文化体育组织、居民委员会和村民委员会应当组织居民开展《锻炼标准》测验达标活动，并与全民健身活动结合起来。

第十八条 组织开展《锻炼标准》测验达标活动的单位应当严格按照《锻炼标准》的测验细则进行，保证安全、科学、准确。

第十九条 组织开展《锻炼标准》测验达标活动的单位应当选拔培训并发挥本单位人员的作用，有条件的可以聘请体育专业人员、体育骨干和社会体育指导员，培养建立达标测验人员队伍。

第二十条 鼓励社会体育指导员掌握《锻炼标准》测验方法，并以志愿服务的形式协助有关单位组织开展《锻炼标准》测验达标活动。

第二十一条 学校应当组织学生按照教育部制定的学校学生体育锻炼标准开展测验达标活动。

第五章 鼓励措施

第二十二条 对参加测验达到优秀、良好和及格等级者发给相应等级的奖章、证书。

国家体育总局负责设计制作《锻炼标准》的标识和奖章、证书，并制定奖章、证书的颁发办法。

第二十三条 负责实施《锻炼标准》和组织开展达标测验活动的部门和单位可以使用《锻炼标准》标识制作其他形式的奖品，但不得以此赢利。

第二十四条 鼓励对身体素质有特殊要求的部门和单位将《锻炼标准》测验达标结果作为招工、人员素质评价、保险等工作的参考依据。

第二十五条 各级人民政府体育、教育主管部门应当将《锻炼标准》的实施情况作为考核下级部门工作业绩的指标。

第二十六条 负责《锻炼标准》实施工作的部门和单位对成绩显著的单位和个人给予表彰。设立表彰项目应当按照规定办理。

第六章 附 则

第二十七条 本办法自公布之日起施行。1989 年 12 月 9 日经国务院批准，原国家体委 1990 年 1 月 6 日发布的《国家体育锻炼标准施行办法》同时废止。

1.4 体育总局 卫生健康委 全国总工会 共青团中央关于广泛开展国家体育锻炼标准达标测验活动的通知

体群字〔2019〕95号

各省、自治区、直辖市、新疆生产建设兵团体育局、卫生健康委、总工会、团委：

《中华人民共和国体育法》第十一条提出，“国家推行全民健身计划，实施体育锻炼标准，进行体质监测。”2013年12月体育总局、教育部、全国总工会印发《国家体育锻炼标准施行办法》以来，各省（区、市）开展了不同形式的国家体育锻炼标准宣传、培训和达标测验活动，推动了国家体育锻炼标准的深入实施。为了更好地落实全民健身和健康中国两个国家战略，落实《中长期青年发展规划（2016—2025年）》，进一步完善全民健身激励机制，激发广大人民群众参加体育锻炼的积极性和主动性，决定在全国广泛开展国家体育锻炼标准达标测验活动，现将有关事宜通知如下：

一、充分认识广泛开展国家体育锻炼标准达标测验活动的重大意义

（一）广泛开展国家体育锻炼标准达标测验活动，是落实习近平总书记关于体育工作的重要指示批示精神的重要举措。习近平总书记明确指出，体育承载着国家强盛、民族振兴的梦想，体育强则中国强，国运兴则体育兴。全民健身是全体人民增强体魄、健康生活的基础和

保障，人民身体健康是全面建成小康社会的重要内涵，是每一个人成长和实现幸福生活的重要基础。要准确把握习近平总书记关于体育工作重要论述的科学内涵，深刻理解体育强国梦与实现中华民族伟大复兴中国梦息息相关的重要定位，通过广泛开展国家体育锻炼标准达标测验活动，推动全民健身事业高质量发展。

（二）广泛开展国家体育锻炼标准达标测验活动，是发展以人民为中心的群众体育的重要举措。国家体育锻炼标准是以检验广大人民群众体育锻炼效果、评价身体素质和运动机能为目的，以测验达标为手段的评价体系。要坚持把实施国家体育锻炼标准作为一项基本体育制度，作为发展群众体育为了人民、发展群众体育依靠人民、发展群众体育的成果由广大人民群众共享的一项具体措施。要把实施国家体育锻炼标准作为检验完善群众身边的体育健身组织、建设群众身边的体育健身设施、丰富群众身边的体育健身活动、支持群众身边的体育健身赛事、加强群众身边的体育健身指导、弘扬群众身边的体育健身文化等具体措施的综合衡量手段，不断提升广大人民群众的身体素质和健康水平。

（三）广泛开展国家体育锻炼标准达标测验活动，是增强群众获得感的重要举措。随着我国经济社会不断发展，经过各地各有关部门和社会各界的共同努力，覆盖城乡、比较健全的全民健身公共服务体系基本形成。体育锻炼成为越来越多人培养形成健康生活方式的重要手段。通过参加国家体育锻炼标准达标测验活动，可以让广大群众更直观地检验自身体育锻炼效果，横向或纵向比较自身基本运动能力，尤其是领取国家体育锻炼标准达标测验活动的证章证书，可以进一步增加广大群众持续参加体育锻炼的积极性和主动性。

二、广泛开展国家体育锻炼标准达标测验活动的目标任务

（一）逐步构建全国性国家体育锻炼标准达标测验活动体系。各省（区、市）体育、卫生健康、工会、共青团等部门要在本地各地市、县区组织开展不同形式的国家体育锻炼标准达标测验活动，推动国家体育锻炼标准在本地各国家机关、企事业单位、社区、乡村和有关组织中全面开展，努力争取在2019年，各省（区、市）80%以上的地市至少开展一次不同规模的国家体育锻炼标准达标测验活动；2020年各省（区、市）30%以上的县区至少开展一次不同规模的国家体育锻炼标准达标测验活动，并在“十四五”时期，构建出多层次、系统化、规范化的全国性国家体育锻炼标准达标测验活动体系。

（二）逐步把国家体育锻炼标准达标测验活动作为开展体育公共服务的重要内容。要把开展国家体育锻炼标准达标测验活动纳入本地区全民健身公共服务体系建设，把参与国家体育锻炼标准达标测验活动作为落实《中华人民共和国体育法》《全民健身条例》以及《全民健身计划》的基本内容，保障本辖区居民依法参与国家体育锻炼标准达标测验活动的基本权利和基本条件。要不断探索国家体育锻炼标准和其他包括国民体质监测、体医融合在内的各项运动促进健康工作相结合，努力做到同步设计、同步实施、系统推进。

（三）逐步把国家体育锻炼标准达标测验合格率作为衡量各地市群众体育发展的重要指标。目前衡量各地群众体育发展水平的主要指标是“经常参加体育锻炼的人数比例”和“国民体质达标率”，数据来源主要是开展五年一次的全民健身活动状况调查和国民体质监测。要在广泛开展国家体育锻炼标准达标测验活动的基础上，通过日常开展的国家体育锻炼标准达标测验活动，利用大数据、云平台等技术手段，实时测算出各地国家体育锻炼标准达标测验合格率，让这些及时、

准确、权威的数据为各地体育、卫生健康、工会、共青团等部门决策服务，为各地广大群众参加体育锻炼提供参考。

三、广泛开展国家体育锻炼标准达标测验活动的具体举措

（一）活动承办主体多元。各省（区、市）体育、卫生健康、工会、共青团等部门要从本地实际出发，准确把握本地区开展国家体育锻炼标准达标测验活动的基础和需求，进一步转变政府职能，改进工作方法，探索多种有效方式更好地发挥市场和社会机制，把承办国家体育锻炼标准达标测验活动作为政府提供公共服务事项的重要内容。要引导社会力量参与国家体育锻炼标准达标测验活动的服务供给，按照“公开、公正、公平”的方式和程序，委托具备条件的社会力量或者企事业单位承办，形成开展国家体育锻炼标准达标测验活动的工作合力。

（二）证章证书发放规范。国家体育总局设计制作国家体育锻炼标准标识和 2019 年版证章、证书，并已研制发布《国家体育锻炼标准测试器材配置与要求》，还将制作印刷国家体育锻炼标准测验赛事相关指导手册。各省（区、市）体育局可根据本地拟进行的达标测验人数向体育总局申领相应的证章、证书，并由测验机构免费发放给参加测验的广大群众。要严格按照工作要求，规范做好证章证书的发放工作，确保证章、证书发挥最大效益。

（三）数据统计精细准确。国家体育总局公开招标确定 2019 年国家体育锻炼标准达标测验活动运营机构，由其搭建全民健身信息服务平台，并投入专项经费在各省（区、市）开展中央体育彩票公益金支持开展示范性的国家体育锻炼标准达标测验活动。各省（区、市）体育、卫生健康、工会、共青团等部门要将达标测验活动的信息及时纳入全民健身信息服务平台，做好全国集中统一、精细准确的国家体

育锻炼标准达标测验大数据管理、分析和使用。

未尽事宜，另行通知。

体育总局 卫生健康委

全国总工会 共青团中央

2019 年 6 月 11 日

PART 02

第二部分

年龄分组、测验项目

2.1 年龄分组

1. 儿童组

（1）儿童一组（6~8 岁，每岁一个年龄组，相当于小学 1~3 年级）

（2）儿童二组（9~11 岁，每岁一个年龄组，相当于小学 4~6 年级）

2. 少年组

（1）少年一组（12~14 岁，每岁一个年龄组，相当于初中 1~3 年级）

（2）少年二组（15~17 岁，每岁一个年龄组，相当于高中 1~3 年级）

3. 青年组（18~24 岁，不分年龄组，相当于大学本科和研究生）

4. 壮年组

（1）壮年一组（25~44 岁，每 5 岁一个年龄组）

（2）壮年二组（45~59 岁，每 5 岁一个年龄组）

5. 老年组（60~69 岁，每 5 岁一个年龄组）

2.2 测验项目

分五类，每人每类选测一项（老年组五项均测），见表 2-1。

表 2-1 测验项目

年龄分组		项目类别				
		一类（速度）	二类（耐力）	三类（力量）	四类（灵敏）	五类（柔韧）
儿童组（6 ~ 11 岁）	一组	30 米跑 30 秒跳绳	300 米跑 50 米 ×6 往返跑	1 分钟仰卧起坐 立定跳远	绕杆跑 十字象限跳	坐位体前屈
	二组	50 米跑 30 秒跳绳	400 米跑 50 米 ×8 往返跑	1 分钟仰卧起坐 立定跳远	绕杆跑 十字象限跳	坐位体前屈
少年组（12 ~ 17 岁）	一组	50 米跑 30 秒跳绳	1000 米跑（男） 800 米跑（女）	引体向上（男） 1 分钟仰卧起坐（女） 立定跳远	绕杆跑 十字象限跳	坐位体前屈
	二组	50 米跑 30 秒跳绳	1000 米跑（男） 800 米跑（女）	引体向上（男） 1 分钟仰卧起坐（女） 立定跳远	绕杆跑 十字象限跳	坐位体前屈
青年组（18 ~ 24 岁）		50 米跑 30 秒跳绳	1000 米跑（男） 800 米跑（女）	引体向上（男） 1 分钟仰卧起坐（女） 立定跳远	绕杆跑 十字象限跳	坐位体前屈
壮年组（25 ~ 59 岁）	一组	25 米 ×4 往返跑 30 秒跳绳	1000 米跑（男） 800 米跑（女）	俯卧撑（男） 1 分钟仰卧起坐（女） 立定跳远	绕杆跑 十字象限跳	坐位体前屈
	二组	25 米 ×4 往返跑 30 秒跳绳	3000 米快走	1 分钟仰卧举腿 掷实心球	绕杆跑 曲线托球跑	坐位体前屈
老年组（60 ~ 69 岁）			3000 米快走	1 分钟仰卧举腿 掷实心球	曲线托球跑	坐位体前屈

PART 03

第三部分

各项测验细则、注意事项

注：各测验项目视频可扫描二维码观看。

3.1 一类测验项目（速度）

30 米跑
50 米跑

1. 30 米、50 米跑

测验对象：30 米适用于儿童一组。50 米适用于儿童二组、少年组、青年组。

测验方法：受测者至少两人一组，听到或看到开始信号后起跑，测验人员开始计时，受测者躯干到终点时停表并记录成绩。

成绩记录：以秒为单位，取一位小数，第二位小数非“0”进“1”。

场地布置：标准田径场或地面平整、线路清晰的 30 米或 50 米直线跑道若干条（终点外应有 15 米以上长度的缓冲带）。

测验器材：秒表、发令旗或发令哨。

动作规范：受测者起跑动作为站立式，听到发令员起跑口令后开始起跑，动作自然的途中跑和冲刺跑（图 3-1）。

注意事项：测验前，受测者应做好必要的热身和拉伸活动，起跑前应站在起跑线处有序等待。测验中，受测者不得抢跑、串道。如测验过程中身体出现不适，请举手示意并观察后方情况离开跑道。受测者到达终点后不能立刻停止，应通过慢跑或走动进行调整。

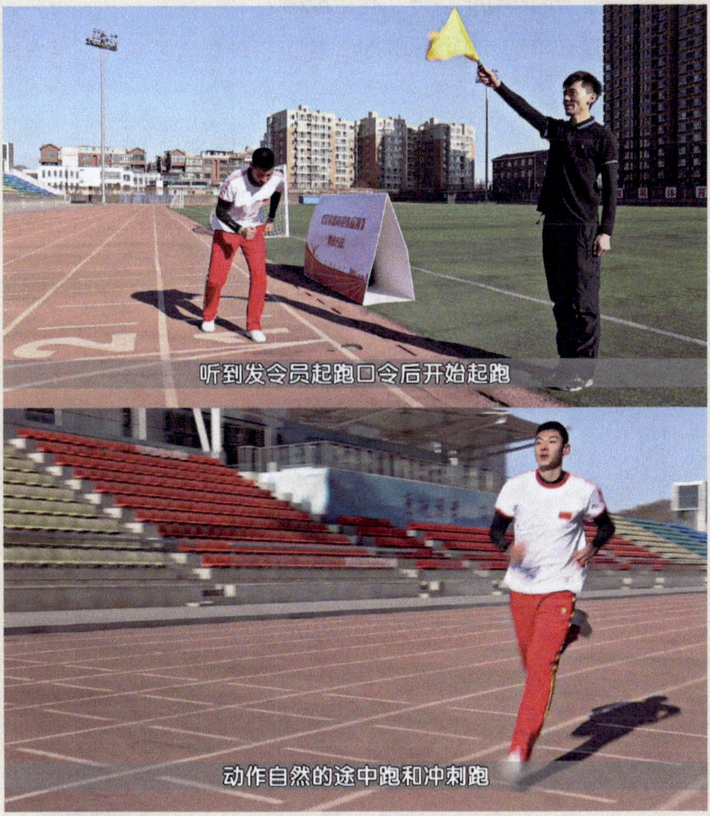

图 3-1　30 米、50 米跑要点图示及说明

2. 30 秒跳绳

测验对象：适用于儿童组、少年组、青年组、壮年组。

测验方法：受测者将跳绳的长短调至适宜程度，听到开始信号后快速启动，测验人员开始计数，受测者听到结束信号后停止跳绳。

成绩记录：每位受测者配备记录员一名，统计 30 秒内跳绳的总次数，每完成一周转动记录一次有效成绩。

场地布置：平坦、干净的场地；建议每块测验区域为 2 平方米正方形区域。

测验器材：秒表、发令哨、跳绳（同一型号跳绳）。

动作规范：受测者将跳绳的长短调至适宜程度，听到开始信号后快速启动；正摇单脚或双脚跳绳（图 3-2）。

注意事项：测验中，如有跳坏，不计个数，有效时间内可继续测验。

图 3-2　30 秒跳绳要点图示及说明

25 米 ×4
往返跑

3. 25 米 ×4 往返跑

测验对象：适用于壮年组。

测验方法：受测者在起跑线处有序等待，听到或看到开始信号后起跑，测验人员开始计时，受测者按逆时针方向绕杆往返跑两次，受测者躯干到终点时停表并记录成绩。

成绩记录：赛道起点和折返点应至少各配备一名裁判员，以秒为单位，取一位小数，第二位小数非“0”进“1”。

场地布置：地面平整、线路清晰的 25 米直线跑道若干条，道宽 2~2.5 米（标准体育场地相邻两条跑道），起跑线前 0.5 米和 24.5 米处各竖一标杆（杆高 1.2 米以上，竖于跑道正中），标杆外延 3 米作为跑动缓冲区。

测验器材：秒表、标杆、发令旗或发令哨。

动作规范：受测者起跑动作为站立式，听到发令员起跑口令后开始起跑，逆时针绕过标志杆往返完成（图 3-3）。

注意事项：测验前，受测者应做好必要的热身和拉伸活动，起跑前应站在起跑线处有序等待。测验中，受测者绕杆时不得碰杆或扶杆，不得抢跑。

图 3-3　25 米×4 往返跑要点图示及说明

3.2 二类测验项目（耐力）

1. 300 米、400 米、800 米、1000 米跑

300 米跑
400 米跑

800 米跑

1000 米跑

测验对象：300 米适用于儿童一组。400 米适用于儿童二组。800 米（女）适用于少年组、青年组、壮年一组。1000 米（男）适用于少年组、青年组、壮年一组。

测验方法：测验人员可组织受测者佩戴号码布，受测者五人左右一组（测验人数可根据相关项目或测验场地进行合理调整，不得少于两人），在起跑线处有序等待，听到或看到开始信号后起跑，测验人员开始计时，受测者躯干到终点时停表并记录成绩。

成绩记录：以秒为单位。300 米、400 米跑取一位小数，第二位小数非“0”进“1”；800 米、1000 米跑取整数，非“0”进“1”。

场地布置：标准田径场或地面平整、线路清晰的跑道（丈量准确长度）。

测验器材：秒表、号码布、发令旗或发令哨。

动作规范：站立式起跑，自然、适度的耐久跑（图 3-4）。

注意事项：测验前，受测者应做好必要的热身和拉伸活动，起跑前应站在起跑线处有序等待。测验中，受测者不得抢跑，300 米和 400 米测验项不得串道；800 米和 1000 米测验项，不得踏进跑道左侧跑道线，不得推、拉、阻挡他人跑进，不得由他人带跑，同时遵循右侧超越的田径规则。如测验过程中身体出现不适，请举手示意并观察后方情况离开跑道。受测者跑过终点后不能立刻停止，应通过慢跑或走动进行调整。

图 3-4　300 米、400 米、800 米、1000 米跑要点图示及说明

50 米 ×8 往返跑
50 米 ×6 往返跑

2. 50 米 ×8、50 米 ×6 往返跑

测验对象： 50 米 ×6 往返跑适用于儿童一组。50 米 ×8 往返跑适用于儿童二组。

测验方法： 受测者在起跑线处有序等待，听到或看到开始信号后起跑，测验人员开始计时， 50 米 ×6 往返跑按逆时针方向绕杆往返跑三次，50 米 ×8 往返跑按逆时针方向绕杆往返跑四次，受测者躯干到终点时停表并记录成绩。

成绩记录： 以秒为单位，取一位小数，第二位小数非“0”进“1”。

场地布置： 地面平整、线路清晰的 50 米直线跑道若干条，道宽 2~2.5 米（标准体育场地相邻两条跑道），起跑线前 0.5 米和 49.5 米处各竖一标杆（杆高 1.2 米以上，竖于跑道正中），标杆外延 3 米作为跑动缓冲区。

测验器材： 标志杆、秒表、发令旗或发令哨。

动作规范： 受测者起跑动作为站立式，听到发令员起跑口令后开始起跑，逆时针绕过标志杆往返完成（图 3-5）。

注意事项： 测验前，受测者应做好必要的热身和拉伸活动，起跑前应站在起跑线处有序等待。测验中，受测者不得抢跑、串道。如测验过程中身体出现不适，请举手示意并观察后方情况离开跑道。

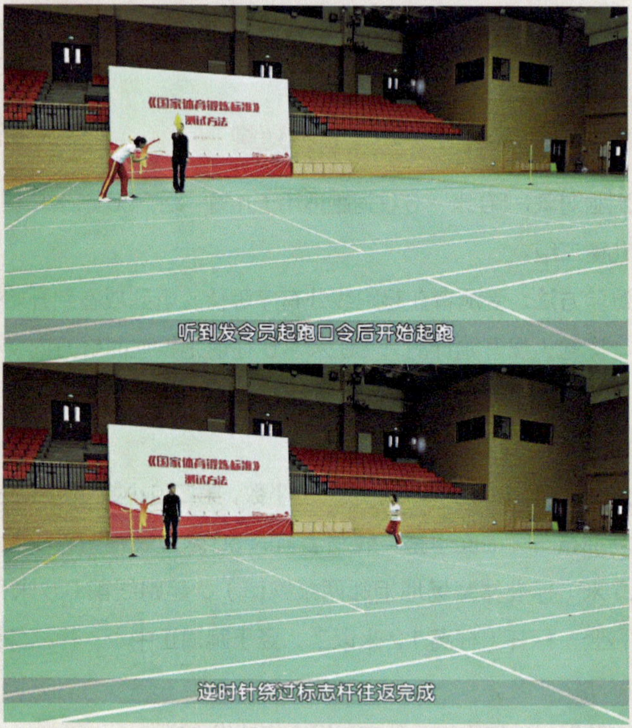

图 3-5　50 米 ×8、50 米 ×6 往返跑要点图示及说明

3. 3000 米快走

测验对象：适用于壮年二组、老年组。

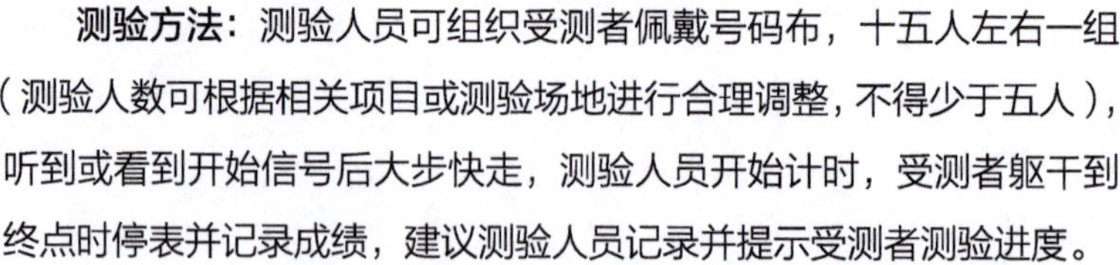

测验方法：测验人员可组织受测者佩戴号码布，十五人左右一组（测验人数可根据相关项目或测验场地进行合理调整，不得少于五人），听到或看到开始信号后大步快走，测验人员开始计时，受测者躯干到终点时停表并记录成绩，建议测验人员记录并提示受测者测验进度。

成绩记录：以秒为单位，取整数位，第一位小数非“0”进“1”。

场地布置：标准田径场或地面平整、线路清晰的跑道（丈量准确长度）。

测验器材：秒表、号码布、发令旗或发令哨。

动作规范：受测者站立式准备动作，听到发令员开始口令后开始测验，适度的耐久快走（图 3-6）。

注意事项：测验前，受测者应做好必要的热身和拉伸活动，起跑前应站在起跑线处有序等待。测验中，受测者快走时双脚不得同时离地，不得有跑的动作，不得跑离跑道或抄近路。如测验过程中身体出现不适，请举手示意并观察后方情况离开跑道。受测者到达终点后不能立刻停止，应通过慢跑或走动进行调整。

图 3-6　3000 米快走要点图示及说明

3.3 三类测验项目（力量）

1. 掷实心球

测验对象：适用于壮年组二组、老年组。

测验方法：受测者站在投掷线后，面对出球方向，双手持实心球举过头顶，用力将球投出，每人投掷三次。

成绩记录：丈量投掷线后，沿至实心球着地点后沿之间的垂直距离，以米为单位，四舍五入取一位小数，取三次投掷成绩中最好成绩为最终成绩。

场地布置：20 米长、4 米宽的平整场地一块（在投掷区画一条投掷线）。

测验器材：实心球（1 千克）、量程在 30 米以上的皮尺。

动作规范：双手持实心球，面对出球方向，两脚平行或前后站立在投掷线后，膝关节微屈；用力将球向指定区域投出（图 3-7）。

注意事项：测验前，受测者应做好必要的热身和拉伸活动，并在测验点有序等待。测验中，受测者投掷时不得助跑，脚不得越线或踩线。

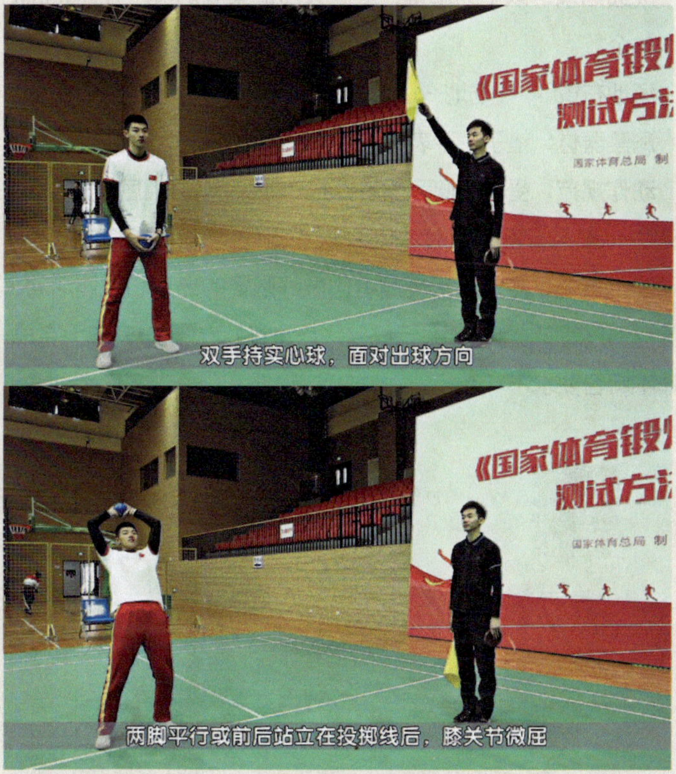

双手持实心球，面对出球方向

两脚平行或前后站立在投掷线后，膝关节微屈

图 3–7　掷实心球要点图示及说明

2. 1 分钟仰卧起坐

测验对象： 适用于儿童组、少年组（女）、青年组（女）、壮年一组（女）。

测验方法： 受测者仰卧于垫子上，一人压住受测者两脚，测验人员发出开始信号并计时，听到结束信号后停止测验。

成绩记录： 以个为单位，测验人员记录受测者1分钟完成的规范动作总个数。

场地布置： 平整场地一块，建议每块测验区域设置为3米长、2米宽。

测验器材： 垫子、秒表。

动作规范： 受测者仰卧于垫子上，两腿稍分开，屈膝成直角，双手交叉贴于脑后。起坐时双肘触及两膝，仰卧时两肩胛必须触垫（图3-8）。

注意事项： 测验前，受测者应做好必要的热身和拉伸活动，并在测验点有序等待。测验中，受测者以双肘触及或超过两膝为完成一次，动作不符合要求不计数。

图3-8　1分钟仰卧起坐要点图示及说明

3. 1分钟仰卧举腿

测验对象： 适用于壮年二组、老年组。

测验方法： 受测者仰卧于垫子上，测验人员发出开始信号并计时，受测者做收腹、直抬腿动作，两腿碰到皮筋后还原成开始姿势为完成一次，听到结束信号后停止测验。

成绩记录：以个为单位，测验人员记录受测者 1 分钟完成的规范动作总个数。

场地布置：平整场地一块，建议每块测验区域设置为 3 米长、2 米宽。

测验器材：垫子、秒表、50 厘米高双柱标杆（两柱皮筋相连，置于垫侧）。

动作规范：受测者仰卧于垫子上，两腿并拢伸直，两臂置于身体两侧，做收腹、直抬腿动作，膝盖及小腿区域触碰到皮筋后还原开始姿态（图 3-9）。

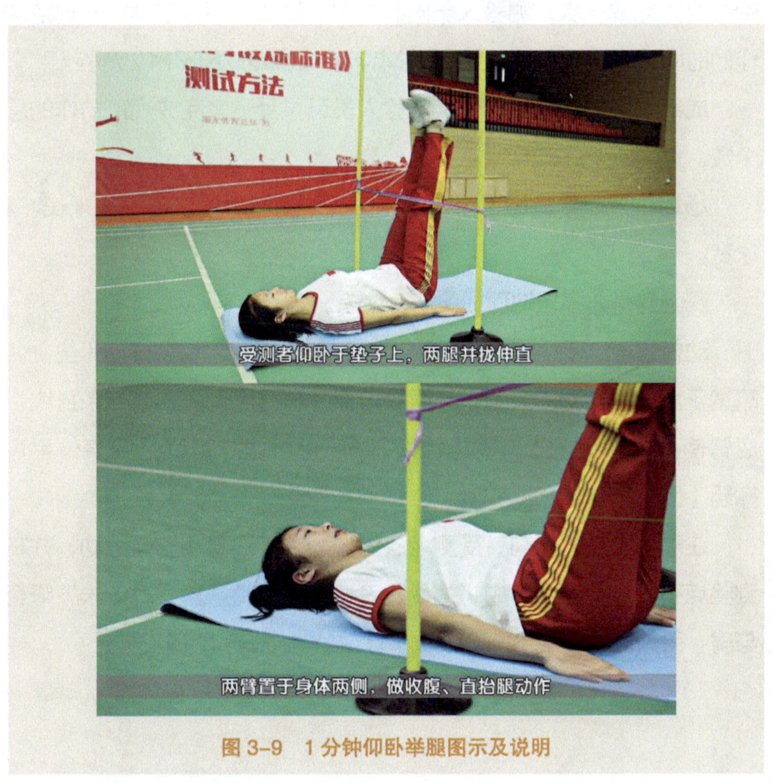

图 3-9　1 分钟仰卧举腿图示及说明

注意事项：测验前，受测者应做好必要的热身和拉伸活动，并在测验点有序等待。测验中，受测者测验过程中双腿须同时抬起，膝盖不得弯曲，两臂不得垫于臀下，动作不符合要求不计数。

4. 俯卧撑

测验对象：适用于壮年一组（男）。

测验方法：受测者双臂撑地（垫），当听到测验人员发出开始信号后，受测者屈臂使身体平直下降，然后将身体平直撑起，恢复到开始姿势为完成一次，测验人员同时报数，受测者不能连续完成规范动作的时间间隔超过 10 秒或已完成本年龄组最好成绩即停止测验。

成绩记录：以个为单位，测验人员记录受测者完成规范动作的总个数。

场地布置：平整场地一块，建议每块测验区域设置为 3 米长、2 米宽。

测验器材：平坦地面或垫子、秒表。

动作规范：受测者双臂伸直、分开与肩同宽，双手撑地（垫），略宽于肩，手指向前，躯干与两腿伸直，从肩膀到脚踝成一条直线。屈臂使身体平直下降至肩与肘处在同一水平面上，然后将身体平直撑起（图 3-10）。

注意事项：测验前，受测者应做好必要的热身和拉伸活动，并在测验点有序等待。测验中，如受测者身体未保持平直或身体未下降至与肩、肘处在同一水平面，该次不计数。

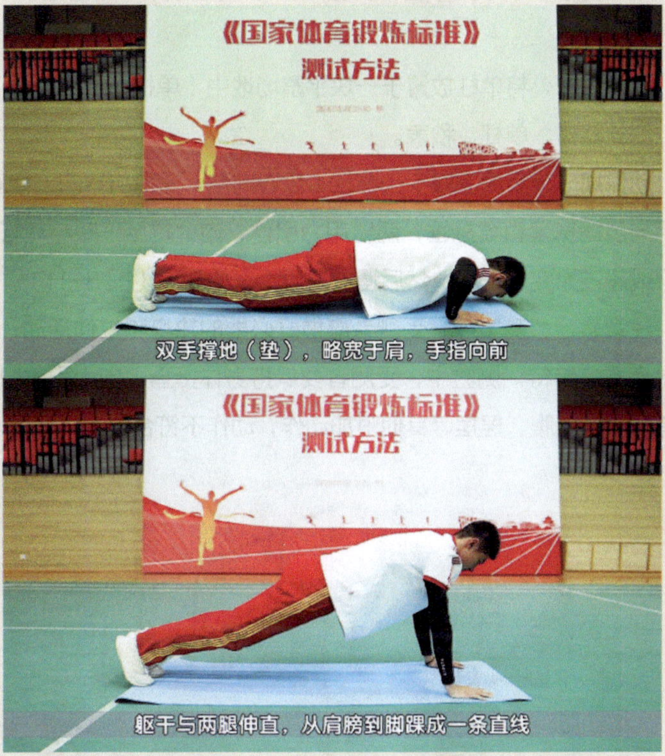

双手撑地（垫），略宽于肩，手指向前

躯干与两腿伸直，从肩膀到脚踝成一条直线

图 3–10　俯卧撑要点图示及说明

5. 引体向上

测验对象：适用于少年组（男）、青年组（男）。

测验方法：受测者双手正握杠，身体悬垂静止，当听到测验员发出开始信号后，受测者两臂用力引体，向上拉至下颏与单杠上缘齐平或超过为完成一次，测验人员同时报数，受测者不能连续完成规范动作的时间间隔超过 10 秒或已完成本年龄组最好成绩即停止测验。

成绩记录：以个为单位，测验人员记录受测者完成的规范动作总个数。

场地布置：将单杠放置于一块平整场地中（单杠可平稳使用）。

测验器材：单杠、秒表。

动作规范：受测者双手正握杠（掌心向前，拇指与另四指相对），两手与肩同宽呈直臂悬垂，两臂用力引体，向上拉至下颏与单杠上缘齐平或超过为完成一次，然后慢放还原至开始姿态（图 3-11）。

注意事项：测验前，受测者应做好必要的热身和拉伸活动，并在测验点有序等待。测验中，受测者要保持身体挺直，向上引体时，不得有屈膝、挺腹、摇摆等其他附加动作，动作不符合要求不计数。

图 3-11　引体向上要点图示及说明

立定跳远

6. 立定跳远

测验对象：适用于儿童组、少年组、青年组、壮年一组。

测验方法：受测者两脚自然分开站在起跳线后，原地两脚同时向前起跳，以脚后跟与起跳线的垂直距离作为其测验成绩，每人跳三次。

成绩记录：丈量起跳线后沿至受测者身体最近着地点的垂直距离，以厘米为单位，四舍五入取整数，取三次测验成绩中最好成绩为最终成绩。

场地布置：平整场地一块或沙坑（沙面与地面齐平，起跳线至沙坑不少于 30 厘米），建议每块测验区域设置为 3 米长、2 米宽。

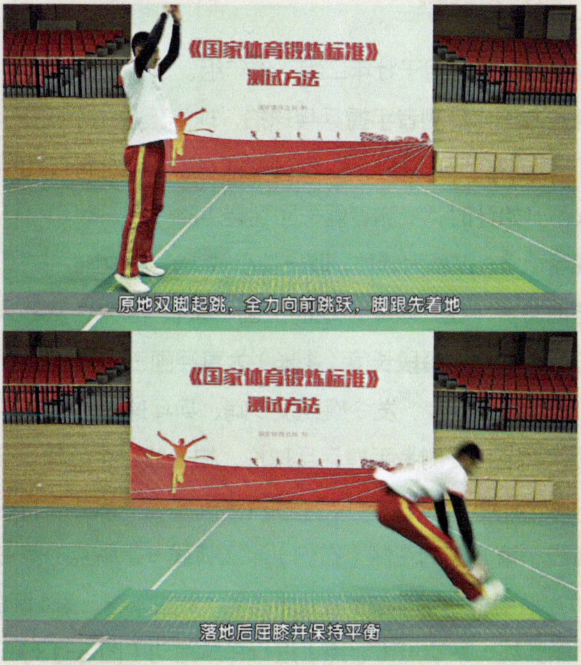

原地双脚起跳，全力向前跳跃，脚跟先着地

落地后屈膝并保持平衡

图 3–12　立定跳远要点图示及说明

场地器材： 立定跳远测验垫或皮尺。

动作规范： 测验中，受测者两脚左右开立约与肩同宽，原地双脚起跳，全力向前跳跃，脚跟先着地，落地后屈膝并保持平衡（图 3-12）。

注意事项： 测验前，受测者应做好必要的热身和拉伸活动，并在测验点有序等待。测验中，受测者起跳时有垫步动作，踩线、越线，起跳成绩无效。

3.4 四类测验项目（灵敏）

1. 曲线托球跑

测验对象： 适用于壮年二组、老年组。

测验方法： 受测者手握乒乓球拍，球拍上放一个网球，站在起点线后，听到或看到开始信号后，受测者依次沿圆弧进行“S”形往返跑动，测验人员开始计时，受测者躯干回到起点时停表。

成绩记录： 以秒为单位，取一位小数，第二位小数非“0”进“1”。

场地布置： 在一块平坦地面上画一条长 12 米、宽 6 米的直线，平均分成 3 段，以每段长度（4 米）为直径画三个相切圆。

测验器材： 秒表、发令旗或发令哨、乒乓球拍、网球。

动作规范： 受测者手握乒乓球拍，拍上放一个网球。听到开始口令后，依次沿第 1 圆的左侧（或右侧）半圆弧线→第 2 圆的右侧（左侧）半圆弧线→第 3 圆的左侧（右侧）半圆弧线→上端点→第 3 圆的右侧（左侧）半圆弧线→第 2 圆的左侧（右侧）半圆弧线→第 1 圆的右侧（左侧）半圆弧线→下端点（起点）进行托球跑动（图 3-13）。

注意事项： 测验前，受测者应做好必要的热身和拉伸活动，并在测验点有序等待。测验中，受测者不得抢跑，不能将球拍依靠身体或用手护球，途中掉球，需捡起再跑，沿弧线运动时，脚可以踩线，不可进线内。

听到开始口令后，依次沿第1圆的左侧（或右侧）半圆弧线

不能将球拍依靠身体或用手护球

图 3-13　曲线托球跑要点图示及说明

绕杆跑

2. 绕杆跑

测验对象： 适用于儿童组、少年组、青年组、壮年组。

测验方法： 受测者以站立式准备，听到或看到开始信号后起跑，测验人员开始计时，受测者绕杆跑，绕过最后一个杆后再折返绕杆跑回，躯干回到起点时停表。

成绩记录： 以秒为单位，取一位小数，第二位小数非“0”进“1”。

场地布置： 在一块平坦地面上画一条长15米的直线，5根标杆（杆高1.2米以上，从起跑线开始，每隔3米插一根，起点处画起跑线不插标杆），建议每条赛道与邻近赛道保留2米宽的缓冲区。

测验器材： 秒表、发令旗或发令哨。

动作规范： 受测者起跑动作为站立式，听到发令员起跑口令后开始起跑，逆时针绕过标志杆往返完成（图3-14）。

图3-14　绕杆跑要点图示及说明

注意事项：测验前，受测者应做好必要的热身和拉伸活动，并在测验点有序等待。测验中，受测者跑动中必须依次绕过每根标杆，绕杆时不得碰杆或扶杆，不得抢跑、串道。

十字象限跳

3. 十字象限跳

测验对象： 适用于儿童组、少年组、青年组、壮年一组。

测验方法： 受测者立于象限 1 中，听到或看到开始信号后，按照 1→2→3→4→1 的顺序双脚跳跃，测验人员开始计时，循环 10 次后停表。

成绩记录： 以秒为单位，取一位小数，第二位小数非“0”进“1”。

场地布置： 在一块平坦地面上画两条长 1 米的直线，两直线中点、相互垂直交叉（将地面分为 4 个象限，并标示数字，右下方为 1 象限、左上方为 2 象限、右上方为 3 象限、左下方为 4 象限）。建议每块测验区域设置为 2 平方米正方形。

测验器材： 秒表、发令旗或发令哨。

动作规范： 受测者站在“象限 1”中，等待发令者信号，测验中，受测者双脚并拢同时跳跃，按照 1→2→3→4→1 的顺序跳跃（图 3-15）。

注意事项： 测验前，受测者应做好必要的热身和拉伸活动，并在测验点有序等待。测验中，受测者须依照次序完成，跳跃次序不正确或踩线，本次跳跃即为无效。

图 3-15　十字象限要点图示及说明

3.5 五类测验项目（柔韧）

坐位体前屈

坐位体前屈

测验对象：适用于儿童组、少年组、青年组、壮年组、老年组。

测验方法：受测者坐在垫子上，两脚平蹬测验板，上体前屈，用双手推动游标前进，直到不能推动为止，测验两次。

成绩记录：以厘米为单位，取小数点后一位，取两次测验成绩中最好值为最终成绩。

场地布置： 平整场地一块，建议每块测验区域设置为 2 米长、1.5 米宽。

测验器材： 坐位体前屈测验器、垫子。

动作规范： 受测者坐在垫子上，两脚平蹬测验板，两腿伸直，脚跟并拢，膝关节保持伸直状态，脚尖向上自然分开。测验时双手指尖平缓推动游标平滑前进，直到不能推动为止（图 3-16）。

注意事项： 测验前，受测者应做好必要的热身和拉伸活动，并在测验点有序等待。测验中，受测者应匀速向前推动游标，不得突然发力，膝关节不得弯曲，动作不符合要求时成绩无效。

图 3-16　坐位体前屈要点图示及说明

PART 04

第四部分

测验评级标准、评分标准

4.1 评分标准

表 4-1 6 岁测验项目评分表（男子儿童一组）

得分	项目								
	30 米跑（秒）	30 秒跳绳（个）	绕杆跑（秒）	十字象限跳（秒）	仰卧起坐（个）	立定跳远（厘米）	300 米跑（分秒）	50 米×6 往返跑（分秒）	坐位体前屈（厘米）
100	≤6.1	≥50	≤9.6	≤19.0	≥40	≥145	≤1:21	≤1:21	≥13.0
95	6.3	48	9.7	20.5	39	142	1:24	1:26	12.3
90	6.4	46	9.8	22.0	38	139	1:27	1:30	11.6
85	6.6	44	9.9	23.5	37	136	1:31	1:34	10.9
80	6.8	42	10.0	25.0	36	133	1:34	1:39	10.2
75	7.0	40	10.1	26.5	34	130	1:37	1:43	9.5
70	7.1	38	10.2	28.0	32	127	1:40	1:48	8.8
65	7.3	36	10.3	29.5	30	124	1:43	1:52	8.1
60	7.5	34	10.4	31.0	28	121	1:47	1:57	7.4
55	7.6	32	10.6	32.5	26	118	1:50	2:01	6.7
50	7.8	30	10.8	34.0	24	115	1:53	2:06	5.9
45	8.0	27	11.0	35.5	22	112	1:56	2:10	5.1
40	8.1	24	11.2	37.0	20	109	1:59	2:14	4.3
35	8.3	21	11.5	38.5	18	106	2:03	2:19	3.5
30	8.5	18	11.8	40.0	16	103	2:06	2:23	2.7
25	8.7	15	12.1	41.5	14	100	2:09	2:28	1.9
20	8.8	12	12.4	43.0	12	97	2:12	2:32	1.1
15	9.0	9	12.7	44.5	10	94	2:15	2:37	0.3
10	9.2	6	13.0	46.0	8	91	2:19	2:41	-0.5
5	9.3	3	13.3	47.5	6	88	2:22	2:46	-1.3
0	≥9.4	≤2	≥13.4	≥47.6	≤5	≤87	≥2:23	≥2:47	≤-1.4

表 4-2　6 岁测验项目评分表（女子儿童一组）

得分	项目								
	30 米跑（秒）	30 秒跳绳（个）	绕杆跑（秒）	十字象限跳（秒）	仰卧起坐（个）	立定跳远（厘米）	300 米跑（分秒）	50 米 ×6 往返跑（分秒）	坐位体前屈（厘米）
100	≤6.3	≥52	≤9.8	≤20.0	≥38	≥140	≤1:26	≤1:23	≥16.5
95	6.5	50	9.9	21.5	37	137	1:29	1:27	15.8
90	6.7	48	10.0	23.0	36	134	1:32	1:32	15.1
85	6.9	46	10.1	24.5	35	131	1:36	1:36	14.4
80	7.1	44	10.2	26.0	34	128	1:39	1:40	13.7
75	7.4	42	10.3	27.5	32	125	1:42	1:45	13.0
70	7.6	40	10.4	29.0	30	122	1:45	1:49	12.3
65	7.8	38	10.6	30.5	28	119	1:48	1:53	11.6
60	8.0	36	10.8	32.0	26	116	1:52	1:58	10.9
55	8.2	34	11.0	33.5	24	113	1:55	2:02	10.2
50	8.4	32	11.2	35.0	22	110	1:58	2:07	9.3
45	8.6	29	11.4	36.5	20	107	2:01	2:11	8.6
40	8.8	26	11.6	38.0	18	104	2:04	2:15	7.9
35	9.0	23	11.8	39.5	16	101	2:08	2:20	7.2
30	9.2	20	12.0	41.0	14	98	2:11	2:24	6.5
25	9.5	17	12.3	42.5	12	95	2:14	2:28	5.8
20	9.7	14	12.6	44.0	10	92	2:17	2:33	5.1
15	9.9	11	12.9	45.5	8	89	2:20	2:37	4.3
10	10.1	8	13.2	47.0	6	86	2:24	2:41	3.5
5	10.3	5	13.5	48.5	4	83	2:27	2:46	2.7
0	≥10.4	≤4	≥13.6	≥48.6	≤3	≤82	≥2:28	≥2:47	≤2.6

表 4-3　7 岁测验项目评分表（男子儿童一组）

得分	项目								
	30 米跑（秒）	30 秒跳绳（个）	绕杆跑（秒）	十字象限跳（秒）	仰卧起坐（个）	立定跳远（厘米）	300 米跑（分秒）	50 米×6 往返跑（分秒）	坐位体前屈（厘米）
100	≤5.9	≥66	≤9.4	≤18.0	≥42	≥155	≤1:16	≤1:21	≥13.5
95	6.0	63	9.5	19.2	41	152	1:18	1:24	12.9
90	6.2	60	9.6	20.4	40	149	1:21	1:27	12.3
85	6.3	57	9.7	21.6	39	146	1:23	1:31	11.7
80	6.5	54	9.8	22.8	38	143	1:26	1:34	11.1
75	6.6	51	9.9	24.0	36	140	1:28	1:37	10.5
70	6.7	48	10.0	25.2	34	137	1:31	1:40	9.9
65	6.9	45	10.1	26.4	32	134	1:33	1:43	9.3
60	7.0	42	10.2	27.6	30	131	1:36	1:47	8.7
55	7.2	39	10.4	28.8	28	128	1:38	1:50	8.1
50	7.3	36	10.6	30.0	26	125	1:40	1:53	7.5
45	7.4	33	10.8	31.2	24	122	1:43	1:56	6.9
40	7.6	30	11.0	32.4	22	119	1:45	1:59	6.3
35	7.7	27	11.3	33.6	20	116	1:48	2:03	5.6
30	7.9	24	11.6	34.8	18	113	1:50	2:06	4.9
25	8.0	21	11.9	36.0	16	110	1:53	2:09	4.2
20	8.1	17	12.2	37.2	14	107	1:55	2:12	3.5
15	8.3	13	12.5	38.4	12	104	1:58	2:15	2.8
10	8.4	9	12.8	39.6	10	101	2:00	2:19	2.1
5	8.6	5	13.1	40.8	8	98	2:03	2:22	1.4
0	≥8.7	≤4	≥13.2	≥40.9	≤7	≤97	≥2:04	≥2:23	≤1.3

表 4-4　7 岁测验项目评分表（女子儿童一组）

得分	项目								
	30 米跑（秒）	30 秒跳绳（个）	绕杆跑（秒）	十字象限跳（秒）	仰卧起坐（个）	立定跳远（厘米）	300 米跑（分秒）	50 米×6 往返跑（分秒）	坐位体前屈（厘米）
100	≤6.0	≥68	≤9.6	≤19.0	≥40	≥150	≤1:18	≤1:23	≥18.0
95	6.2	66	9.7	20.2	39	147	1:21	1:26	17.2
90	6.3	63	9.8	21.4	38	144	1:23	1:29	16.4
85	6.5	60	9.9	22.6	37	141	1:26	1:32	15.6
80	6.6	57	10.0	23.8	36	138	1:28	1:35	14.8
75	6.8	54	10.1	25.0	34	135	1:31	1:39	14.0
70	6.9	51	10.2	26.2	32	132	1:34	1:42	13.2
65	7.1	48	10.4	27.4	30	129	1:36	1:45	12.4
60	7.2	45	10.6	28.6	28	126	1:39	1:48	11.6
55	7.4	42	10.8	29.8	26	123	1:41	1:51	10.8
50	7.5	39	11.0	31.0	24	120	1:44	1:54	10.0
45	7.7	36	11.2	32.2	22	117	1:47	1:57	9.2
40	7.8	33	11.4	33.4	20	114	1:49	2:00	8.4
35	8.0	30	11.6	34.6	18	111	1:52	2:03	7.6
30	8.1	27	11.8	35.8	16	108	1:54	2:06	6.8
25	8.3	24	12.1	37.0	14	105	1:57	2:10	6.0
20	8.4	20	12.4	38.2	12	102	2:00	2:13	5.2
15	8.6	16	12.7	39.4	10	99	2:02	2:16	4.4
10	8.7	12	13.0	40.6	8	96	2:05	2:19	3.6
5	8.9	8	13.3	41.8	6	93	2:07	2:22	2.8
0	≥9.0	≤7	≥13.4	≥41.9	≤5	≤92	≥2:08	≥2:23	≤2.7

表 4-5 8 岁测验项目评分表（男子儿童一组）

得分	项目								
	30 米跑（秒）	30 秒跳绳（个）	绕杆跑（秒）	十字象限跳（秒）	仰卧起坐（个）	立定跳远（厘米）	300 米跑（分秒）	50 米×6 往返跑（分秒）	坐位体前屈（厘米）
100	≤5.5	≥73	≤9.2	≤16.0	≥45	≥165	≤1:10	≤1:17	≥14.0
95	5.6	70	9.3	17.0	44	162	1:12	1:20	13.4
90	5.7	67	9.4	18.0	43	159	1:14	1:23	12.8
85	5.8	64	9.5	19.0	42	156	1:16	1:26	12.2
80	5.9	61	9.6	20.0	41	153	1:18	1:30	11.6
75	6.0	58	9.7	21.0	39	150	1:20	1:33	11.0
70	6.1	55	9.8	22.0	37	147	1:22	1:36	10.4
65	6.2	52	9.9	23.0	35	144	1:24	1:39	9.8
60	6.3	49	10.0	24.0	33	141	1:26	1:42	9.2
55	6.4	46	10.2	25.0	31	138	1:28	1:45	8.6
50	6.5	43	10.4	26.0	29	135	1:30	1:49	8.0
45	6.6	40	10.6	27.0	27	132	1:32	1:52	7.4
40	6.7	37	10.8	28.0	25	129	1:34	1:55	6.8
35	6.8	34	11.1	29.0	23	126	1:36	1:58	6.2
30	6.9	30	11.4	30.0	21	123	1:38	2:01	5.6
25	7.0	26	11.7	31.0	19	120	1:40	2:04	5.0
20	7.1	22	12.0	32.0	17	117	1:42	2:07	4.4
15	7.2	18	12.3	33.0	15	114	1:44	2:11	3.8
10	7.3	14	12.6	34.0	13	111	1:46	2:14	3.2
5	7.4	10	12.9	35.0	11	108	1:48	2:17	2.6
0	≥7.5	≤9	≥13.0	≥35.1	≤10	≤107	≥1:49	≥2:18	≤2.5

表4-6 8岁测验项目评分表（女子儿童一组）

得分	项目								
	30米跑（秒）	30秒跳绳（个）	绕杆跑（秒）	十字象限跳（秒）	仰卧起坐（个）	立定跳远（厘米）	300米跑（分秒）	50米×6往返跑（分秒）	坐位体前屈（厘米）
100	≤5.7	≥75	≤9.4	≤17.0	≥42	≥160	≤1:12	≤1:19	≥18.2
95	5.8	73	9.5	18.0	41	157	1:14	1:22	17.8
90	6.0	70	9.6	19.0	40	154	1:16	1:25	17.1
85	6.1	67	9.7	20.0	39	151	1:18	1:28	16.4
80	6.3	64	9.8	21.0	37	148	1:20	1:31	15.7
75	6.4	61	9.9	22.0	35	145	1:22	1:34	15.0
70	6.5	58	10.0	23.0	33	142	1:23	1:37	14.3
65	6.7	55	10.2	24.0	31	139	1:25	1:40	13.6
60	6.8	52	10.4	25.0	29	136	1:27	1:43	12.8
55	7.0	49	10.6	26.0	27	133	1:29	1:46	12.0
50	7.1	46	10.8	27.0	25	130	1:31	1:50	11.2
45	7.2	43	11.0	28.0	23	127	1:33	1:53	10.4
40	7.4	40	11.2	29.0	21	124	1:35	1:56	9.6
35	7.5	36	11.4	30.0	19	121	1:37	1:59	8.8
30	7.7	32	11.6	31.0	17	118	1:39	2:02	8.0
25	7.8	28	11.9	32.0	15	115	1:41	2:05	7.2
20	7.9	24	12.2	33.0	13	112	1:42	2:08	6.4
15	8.1	20	12.5	34.0	11	109	1:44	2:11	5.6
10	8.2	16	12.8	35.0	9	106	1:46	2:14	4.8
5	8.4	12	13.1	36.0	7	103	1:48	2:17	4.0
0	≥8.5	≤11	≥13.2	≥36.1	≤6	≤102	≥1:49	≥2:18	≤3.9

表 4-7　9 岁测验项目评分表（男子儿童二组）

得分	50 米跑（秒）	30 秒跳绳（个）	绕杆跑（秒）	十字象限跳（秒）	仰卧起坐（个）	立定跳远（厘米）	400 米跑（分秒）	50 米 ×8 往返跑（分秒）	坐位体前屈（厘米）
100	≤8.5	≥80	≤9.0	≤15.5	≥48	≥175	≤1:30	≤1:38	≥14.5
95	8.6	77	9.1	16.3	47	172	1:32	1:41	13.9
90	8.7	74	9.2	17.1	46	169	1:35	1:43	13.3
85	8.8	71	9.3	17.9	45	166	1:37	1:46	12.7
80	8.9	68	9.4	18.7	44	163	1:40	1:48	12.1
75	9.0	65	9.5	19.5	42	160	1:42	1:51	11.5
70	9.1	62	9.6	20.3	40	157	1:45	1:54	10.9
65	9.3	59	9.7	21.1	38	154	1:47	1:56	10.3
60	9.5	56	9.8	21.9	36	151	1:50	1:59	9.7
55	9.7	53	10.0	22.7	34	148	1:52	2:01	9.1
50	9.9	50	10.2	23.5	32	145	1:55	2:04	8.5
45	10.1	47	10.4	24.3	30	142	1:57	2:07	7.9
40	10.3	44	10.6	25.1	28	139	2:00	2:09	7.3
35	10.5	40	10.9	25.9	26	136	2:02	2:12	6.7
30	10.7	36	11.2	26.7	24	133	2:05	2:14	6.1
25	10.9	32	11.5	27.5	22	130	2:07	2:17	5.5
20	11.1	28	11.8	28.3	20	127	2:10	2:20	4.9
15	11.3	24	12.1	29.1	18	124	2:12	2:22	4.3
10	11.5	20	12.4	29.9	16	121	2:15	2:25	3.7
5	11.7	16	12.7	30.7	14	118	2:17	2:27	3.1
0	≥11.9	≤15	≥12.8	≥30.8	≤13	≤117	≥2:18	≥2:28	≤3.0

表 4-8　9 岁测验项目评分表（女子儿童二组）

得分	项目								
	50 米跑（秒）	30 秒跳绳（个）	绕杆跑（秒）	十字象限跳（秒）	仰卧起坐（个）	立定跳远（厘米）	400 米跑（分秒）	50 米 ×8 往返跑（分秒）	坐位体前屈（厘米）
100	≤9.0	≥84	≤9.2	≤16.5	≥45	≥170	≤1:32	≤1:42	≥18.5
95	9.1	81	9.3	17.3	44	167	1:35	1:45	17.8
90	9.2	78	9.4	18.1	42	164	1:38	1:48	17.1
85	9.3	75	9.5	18.9	40	161	1:41	1:51	16.4
80	9.4	72	9.6	19.7	38	158	1:45	1:54	15.7
75	9.5	69	9.7	20.5	36	155	1:48	1:57	15.0
70	9.6	66	9.8	21.3	34	152	1:51	1:59	14.3
65	9.8	63	10.0	22.1	32	149	1:54	2:02	13.6
60	10.0	60	10.2	22.9	30	146	1:57	2:05	12.9
55	10.2	57	10.4	23.7	28	143	2:00	2:08	12.2
50	10.4	54	10.6	24.5	26	140	2:04	2:11	11.5
45	10.6	51	10.8	25.3	24	137	2:07	2:14	10.7
40	10.8	48	11.0	26.1	22	134	2:10	2:17	9.9
35	11.0	44	11.2	26.9	20	131	2:13	2:20	9.1
30	11.2	40	11.4	27.7	18	128	2:16	2:23	8.3
25	11.4	36	11.7	28.5	16	125	2:19	2:26	7.5
20	11.6	32	12.0	29.3	14	122	2:22	2:28	6.7
15	11.8	28	12.3	30.1	12	119	2:26	2:31	5.9
10	12.0	24	12.6	30.9	10	116	2:29	2:34	5.1
5	12.2	20	12.9	31.7	8	113	2:32	2:37	4.3
0	≥12.3	≤19	≥13.0	≥31.8	≤7	≤112	≥2:33	≥2:38	≤4.2

表 4-9　10 岁测验项目评分表（男子儿童二组）

得分	项目								
	50 米跑（秒）	30 秒跳绳（个）	绕杆跑（秒）	十字象限跳（秒）	仰卧起坐（个）	立定跳远（厘米）	400 米跑（分秒）	50 米 ×8 往返跑（分秒）	坐位体前屈（厘米）
100	≤8.3	≥85	≤8.8	≤15.0	≥50	≥185	≤1:28	≤1:35	≥15.0
95	8.4	82	8.9	15.8	49	182	1:30	1:38	14.4
90	8.5	79	9.0	16.6	48	179	1:33	1:40	13.8
85	8.6	76	9.1	17.4	47	176	1:35	1:43	13.2
80	8.7	73	9.2	18.2	46	173	1:37	1:46	12.6
75	8.8	70	9.3	19.0	44	170	1:40	1:48	12.0
70	8.9	67	9.4	19.8	42	167	1:42	1:51	11.4
65	9.0	64	9.5	20.6	40	164	1:44	1:54	10.8
60	9.1	61	9.6	21.4	38	161	1:47	1:56	10.2
55	9.2	58	9.8	22.2	36	158	1:49	1:59	9.6
50	9.3	55	10.0	23.0	34	155	1:52	2:02	9.0
45	9.4	52	10.2	23.8	32	152	1:54	2:04	8.4
40	9.5	49	10.4	24.6	30	149	1:56	2:07	7.8
35	9.6	46	10.7	25.4	28	145	1:59	2:09	7.2
30	9.8	43	11.0	26.2	26	141	2:01	2:12	6.6
25	10.0	40	11.3	27.0	24	137	2:03	2:15	6.0
20	10.2	36	11.6	27.8	22	133	2:06	2:17	5.4
15	10.4	32	11.9	28.6	20	129	2:08	2:20	4.7
10	10.6	28	12.2	29.4	18	125	2:10	2:23	4.0
5	10.8	24	12.5	30.2	16	121	2:13	2:25	3.3
0	≥11.0	≤23	≥12.6	≥30.3	≤15	≤120	≥2:14	≥2:26	≤3.2

表 4-10 10 岁测验项目评分表（女子儿童二组）

得分	项目								
	50 米跑（秒）	30 秒跳绳（个）	绕杆跑（秒）	十字象限跳（秒）	仰卧起坐（个）	立定跳远（厘米）	400 米跑（分秒）	50 米 ×8 往返跑（分秒）	坐位体前屈（厘米）
100	≤8.7	≥90	≤9.0	≤16.0	≥47	≥180	≤1:30	≤1:40	≥18.7
95	8.8	87	9.1	16.8	46	177	1:33	1:43	18.0
90	8.9	84	9.2	17.6	44	174	1:36	1:46	17.3
85	9.0	81	9.3	18.4	42	171	1:39	1:48	16.6
80	9.1	78	9.4	19.2	40	168	1:42	1:51	15.9
75	9.2	75	9.5	20.0	38	165	1:45	1:54	15.2
70	9.3	72	9.6	20.8	36	162	1:48	1:57	14.5
65	9.5	69	9.8	21.6	34	159	1:51	1:59	13.8
60	9.7	66	10.0	22.4	32	156	1:54	2:02	13.1
55	9.9	63	10.2	23.2	30	153	1:57	2:05	12.4
50	10.1	60	10.4	24.0	28	150	2:00	2:08	11.6
45	10.3	57	10.6	24.8	26	147	2:03	2:10	10.8
40	10.5	54	10.8	25.6	24	144	2:06	2:13	10.0
35	10.7	50	11.0	26.4	22	140	2:09	2:16	9.2
30	10.9	46	11.2	27.2	20	136	2:12	2:19	8.4
25	11.1	42	11.5	28.0	18	132	2:15	2:21	7.6
20	11.3	38	11.8	28.8	16	128	2:18	2:24	6.8
15	11.5	34	12.1	29.6	14	124	2:21	2:27	6.0
10	11.7	30	12.4	30.4	12	120	2:24	2:30	5.2
5	11.9	26	12.7	31.2	10	116	2:27	2:32	4.4
0	≥12.0	≤25	≥12.8	≥31.3	≤9	≤115	≥2:28	≥2:33	≤4.3

表 4-11　11 岁测验项目评分表（男子儿童二组）

得分	50 米跑（秒）	30 秒跳绳（个）	绕杆跑（秒）	十字象限跳（秒）	仰卧起坐（个）	立定跳远（厘米）	400 米跑（分秒）	50 米 ×8 往返跑（分秒）	坐位体前屈（厘米）
100	≤8.0	≥90	≤8.6	≤14.0	≥52	≥200	≤1:28	≤1:33	≥17.0
95	8.1	87	8.7	14.8	51	196	1:30	1:36	16.3
90	8.2	84	8.8	15.6	50	192	1:32	1:38	15.6
85	8.3	81	8.9	16.4	49	188	1:34	1:41	14.9
80	8.4	78	9.0	17.2	48	184	1:36	1:43	14.2
75	8.5	75	9.1	18.0	46	180	1:39	1:46	13.5
70	8.6	72	9.2	18.8	44	176	1:41	1:49	12.8
65	8.7	69	9.3	19.6	42	172	1:43	1:51	12.1
60	8.8	66	9.4	20.4	40	168	1:45	1:54	11.4
55	8.9	63	9.6	21.2	38	164	1:47	1:56	10.7
50	9.0	60	9.8	22.0	36	160	1:49	1:59	10.0
45	9.2	57	10.0	22.8	34	156	1:51	2:02	9.3
40	9.4	54	10.2	23.6	32	152	1:53	2:04	8.6
35	9.6	51	10.5	24.4	30	148	1:55	2:07	7.8
30	9.8	48	10.8	25.2	28	144	1:57	2:09	7.1
25	10.0	45	11.1	26.0	26	140	2:00	2:12	6.3
20	10.2	41	11.4	26.8	24	136	2:02	2:15	5.6
15	10.4	37	11.7	27.6	22	132	2:04	2:17	4.9
10	10.6	33	12.0	28.4	20	128	2:06	2:20	4.1
5	10.8	29	12.3	29.2	18	124	2:08	2:22	3.4
0	≥11.0	≤28	≥12.4	≥29.3	≤17	≤123	≥2:09	≥2:23	≤3.3

表 4-12　11 岁测验项目评分表（女子儿童二组）

得分	项目								
	50 米跑（秒）	30 秒跳绳（个）	绕杆跑（秒）	十字象限跳（秒）	仰卧起坐（个）	立定跳远（厘米）	400 米跑（分秒）	50 米 ×8 往返跑（分秒）	坐位体前屈（厘米）
100	≤8.4	≥94	≤8.8	≤15.0	≥49	≥185	≤1:28	≤1:38	≥20.0
95	8.5	91	8.9	15.8	48	182	1:30	1:41	19.2
90	8.6	88	9.0	16.6	46	179	1:33	1:43	18.4
85	8.7	85	9.1	17.4	44	176	1:35	1:46	17.6
80	8.8	82	9.2	18.2	42	173	1:37	1:48	16.8
75	8.9	79	9.3	19.0	40	170	1:40	1:51	16.0
70	9.0	76	9.4	19.8	38	167	1:42	1:54	15.2
65	9.2	73	9.6	20.6	36	164	1:44	1:56	14.4
60	9.4	70	9.8	21.4	34	161	1:47	1:59	13.6
55	9.6	67	10.0	22.2	32	157	1:49	2:01	12.8
50	9.8	64	10.2	23.0	30	153	1:52	2:04	12.0
45	10.0	61	10.4	23.8	28	149	1:54	2:07	11.2
40	10.2	58	10.6	24.6	26	145	1:56	2:09	10.4
35	10.4	54	10.8	25.4	24	141	1:59	2:12	9.6
30	10.6	50	11.0	26.2	22	137	2:01	2:14	8.8
25	10.8	46	11.3	27.0	20	133	2:03	2:17	8.0
20	11.0	42	11.6	27.8	18	129	2:06	2:20	7.2
15	11.2	38	11.9	28.6	16	125	2:08	2:22	6.4
10	11.4	34	12.2	29.4	14	121	2:10	2:25	5.6
5	11.6	30	12.5	30.2	12	117	2:13	2:27	4.8
0	≥11.7	≤29	≥12.6	≥30.3	≤11	≤118	≥2:14	≥2:28	≤4.7

表 4-13 12 岁测验项目评分表（男子少年一组）

得分	项目							
	50 米跑（秒）	30 秒跳绳（个）	绕杆跑（秒）	十字象限跳（秒）	引体向上（个）	立定跳远（厘米）	坐位体前屈（厘米）	1000 米跑（分秒）
100	≤7.6	≥93	≤8.4	≤13.5	≥6	≥220	≥17.6	≤3:54
95	7.7	90	8.5	14.1		216	16.6	3:59
90	7.8	87	8.6	14.7		212	15.6	4:04
85	7.9	84	8.7	15.3		208	14.6	4:09
80	8.0	81	8.8	15.9		204	13.6	4:14
75	8.1	78	8.9	16.5	5	200	12.6	4:19
70	8.2	75	9.0	17.1		196	11.4	4:26
65	8.3	72	9.1	17.7		192	10.2	4:33
60	8.4	69	9.2	18.3		188	9.0	4:40
55	8.6	66	9.4	18.9	4	184	7.8	4:47
50	8.8	63	9.6	19.5		180	6.6	4:54
45	9.0	60	9.8	20.1	3	176	5.4	5:01
40	9.2	57	10.0	20.7		172	4.2	5:08
35	9.4	54	10.3	21.3	2	168	3.0	5:15
30	9.6	51	10.6	21.9		164	1.8	5:22
25	9.8	48	10.9	22.5	1	160	0.6	5:29
20	10.0	45	11.2	23.1		156	-0.6	5:36
15	10.2	41	11.5	23.7		152	-1.8	5:43
10	10.4	37	11.8	24.3		148	-3.0	5:50
5	10.6	33	12.1	24.9		144	-4.2	5:57
0	≥10.8	≤32	≥12.2	≥25.0		≤143	≤-4.3	≥5:58

表 4-14　12 岁测验项目评分表（女子少年一组）

得分	项目							
	50 米跑（秒）	30 秒跳绳（个）	绕杆跑（秒）	十字象限跳（秒）	仰卧起坐（个）	立定跳远（厘米）	坐位体前屈（厘米）	800 米跑（分秒）
100	≤8.1	≥96	≤8.6	≤14	≥50	≥190	≥21.8	≤3:32
95	8.2	93	8.7	14.6	49	187	20.6	3:38
90	8.3	90	8.8	15.2	47	184	19.4	3:44
85	8.4	87	8.9	15.8	45	181	18.2	3:50
80	8.5	84	9.0	16.4	43	178	17.0	3:56
75	8.6	81	9.1	17.0	41	175	15.6	4:04
70	8.7	78	9.2	17.6	39	172	14.2	4:12
65	8.9	75	9.4	18.2	37	169	12.8	4:20
60	9.1	72	9.6	18.8	35	166	11.4	4:28
55	9.3	69	9.8	19.4	33	162	10.0	4:36
50	9.5	66	10.0	20.0	31	158	8.6	4:44
45	9.7	63	10.2	20.6	29	154	7.2	4:52
40	9.9	60	10.4	21.2	27	150	5.8	5:00
35	10.1	56	10.6	21.8	25	146	4.4	5:08
30	10.3	52	10.8	22.4	23	142	3.0	5:16
25	10.5	48	11.1	23.0	21	138	1.6	5:24
20	10.7	44	11.4	23.6	19	134	0.2	5:32
15	10.9	40	11.7	24.2	17	130	−1.2	5:40
10	11.1	36	12.0	24.8	15	126	−2.6	5:48
5	11.3	32	12.3	25.4	13	122	−4.0	5:56
0	≥11.4	≤31	≥12.4	≥25.5	≤12	≤121	≤−4.1	≥6:04

表 4-15　13 岁测验项目评分表（男子少年一组）

得分	项目							
	50 米跑（秒）	30 秒跳绳（个）	绕杆跑（秒）	十字象限跳（秒）	引体向上（个）	立定跳远（厘米）	坐位体前屈（厘米）	1000 米跑（分秒）
100	≤7.5	≥96	≤8.3	≤13.0	≥8	≥240	≥18.3	≤3:44
95	7.6	93	8.4	13.6		236	17.3	3:50
90	7.7	90	8.5	14.2	7	232	16.3	3:56
85	7.8	87	8.6	14.8		228	15.3	4:02
80	7.9	84	8.7	15.4	6	224	14.3	4:08
75	8.0	81	8.8	16.0		220	13.3	4:14
70	8.1	78	8.9	16.6	5	216	12.1	4:20
65	8.2	75	9.0	17.2		212	10.9	4:26
60	8.3	72	9.1	17.8	4	208	9.7	4:32
55	8.5	69	9.3	18.4		204	8.5	4:38
50	8.7	66	9.5	19.0		200	7.3	4:44
45	8.9	63	9.7	19.6		196	6.1	4:50
40	9.1	60	9.9	20.2	3	192	4.9	4:56
35	9.3	57	10.2	20.8		188	3.7	5:02
30	9.5	54	10.5	21.4	2	184	2.5	5:08
25	9.7	51	10.8	22.0		180	1.3	5:14
20	9.9	48	11.1	22.6	1	176	0.1	5:20
15	10.1	44	11.4	23.2		172	-1.1	5:26
10	10.3	40	11.7	23.8		168	-2.3	5:32
5	10.5	36	12.0	24.4		164	-3.5	5:38
0	≥10.7	≤35	≥12.2	≥24.5		≤163	≤-4.7	≥5:39

表 4-16　13 岁测验项目评分表（女子少年一组）

得分	项目							
	50 米跑（秒）	30 秒跳绳（个）	绕杆跑（秒）	十字象限跳（秒）	仰卧起坐（个）	立定跳远（厘米）	坐位体前屈（厘米）	800 米跑（分秒）
100	≤7.8	≥97	≤8.5	≤13.5	≥51	≥195	≥21.6	≤3:29
95	7.9	94	8.6	14.1	50	192	20.6	3:35
90	8.0	91	8.7	14.7	48	189	19.6	3:41
85	8.1	88	8.8	15.3	46	186	18.6	3:47
80	8.2	85	8.9	15.9	44	183	17.6	3:53
75	8.3	82	9.0	16.5	42	180	16.6	4:01
70	8.4	79	9.1	17.1	40	177	15.6	4:09
65	8.6	76	9.3	17.7	38	174	14.6	4:17
60	8.8	73	9.5	18.3	36	171	13.6	4:25
55	9.0	70	9.7	18.9	34	167	12.6	4:33
50	9.2	67	9.9	19.5	32	163	11.4	4:41
45	9.4	64	10.1	20.1	30	159	10.0	4:49
40	9.6	61	10.3	20.7	28	155	8.6	4:57
35	9.8	57	10.5	21.3	26	151	7.2	5:05
30	10.0	53	10.7	21.9	24	147	5.8	5:13
25	10.2	49	11.0	22.5	22	143	4.4	5:21
20	10.4	45	11.3	23.1	20	139	3.0	5:29
15	10.6	41	11.6	23.7	18	135	1.6	5:37
10	10.8	37	11.9	24.3	16	131	0.2	5:45
5	11.0	33	12.2	24.9	14	127	−1.2	5:53
0	≥11.1	≤32	≥12.3	≥25.0	≤13	≤126	≤−1.3	≥6:01

表 4-17　14 岁测验项目评分表（男子少年一组）

得分	项目							
	50 米跑（秒）	30 秒跳绳（个）	绕杆跑（秒）	十字象限跳（秒）	引体向上（个）	立定跳远（厘米）	坐位体前屈（厘米）	1000 米跑（分秒）
100	≤7.2	≥99	≤8.2	≤12.8	≥9	≥250	≥20.3	≤3:39
95	7.3	96	8.3	13.4		246	19.1	3:45
90	7.4	93	8.4	14.0	8	242	17.9	3:51
85	7.5	90	8.5	14.6		238	16.7	3:57
80	7.6	87	8.6	15.2	7	234	15.5	4:03
75	7.7	84	8.7	15.8		230	14.3	4:09
70	7.8	81	8.8	16.4	6	226	13.1	4:15
65	7.9	78	8.9	17.0		222	11.9	4:21
60	8.0	75	9.0	17.6	5	218	10.7	4:27
55	8.2	72	9.2	18.2		214	9.5	4:33
50	8.4	69	9.4	18.8		210	8.3	4:39
45	8.6	66	9.6	19.4	4	206	7.1	4:45
40	8.8	63	9.8	20.0		202	5.9	4:51
35	9.0	60	10.1	20.6	3	198	4.7	4:57
30	9.2	57	10.4	21.2		194	3.5	5:03
25	9.4	54	10.7	21.8	2	190	2.3	5:09
20	9.6	51	11.0	22.4		186	1.1	5:15
15	9.8	47	11.3	23.0	1	182	-0.1	5:21
10	10.0	43	11.6	23.6		178	-1.3	5:27
5	10.2	39	11.9	24.2		174	-2.5	5:33
0	≥10.3	≤38	≥12.0	≥24.3		≤173	≤-3.7	≥5:34

表 4-18　14 岁测验项目评分表（女子少年一组）

得分	项目							
	50 米跑（秒）	30 秒跳绳（个）	绕杆跑（秒）	十字象限跳（秒）	仰卧起坐（个）	立定跳远（厘米）	坐位体前屈（厘米）	800 米跑（分秒）
100	≤7.7	≥98	≤8.4	≤13.3	≥52	≥200	≥23.4	≤3:26
95	7.8	95	8.5	13.9	51	197	22.4	3:32
90	7.9	92	8.6	14.5	49	194	21.4	3:38
85	8.0	89	8.7	15.1	47	191	20.4	3:44
80	8.1	86	8.8	15.7	45	188	19.4	3:52
75	8.2	83	8.9	16.3	43	185	18.4	4:00
70	8.3	80	9.0	16.9	41	182	17.4	4:08
65	8.5	77	9.2	17.5	39	179	16.4	4:16
60	8.7	74	9.4	18.1	37	176	15.4	4:24
55	8.9	71	9.6	18.7	35	172	14.4	4:32
50	9.1	68	9.8	19.3	33	168	13.2	4:40
45	9.3	65	10.0	19.9	31	164	12.0	4:48
40	9.5	62	10.2	20.5	29	160	10.6	4:56
35	9.7	58	10.4	21.1	27	156	9.2	5:04
30	9.9	54	10.6	21.7	25	152	7.8	5:12
25	10.1	50	10.9	22.3	23	148	6.4	5:20
20	10.3	46	11.2	22.9	21	144	5.0	5:28
15	10.5	42	11.5	23.5	19	140	3.5	5:36
10	10.7	38	11.8	24.1	17	136	2.0	5:44
5	10.9	34	12.1	24.7	15	132	0.5	5:52
0	≥11.0	≤33	≥12.2	≥24.8	≤14	≤131	≤0.4	≥6:00

表 4-19 15 岁测验项目评分表（男子少年二组）

得分	项目							
	50 米跑（秒）	30 秒跳绳（个）	绕杆跑（秒）	十字象限跳（秒）	引体向上（个）	立定跳远（厘米）	坐位体前屈（厘米）	1000 米跑（分秒）
100	≤7.0	≥101	≤8.0	≤12.6	≥10	≥260	≥21.0	≤3:34
95	7.1	98	8.1	13.1		256	20.0	3:40
90	7.2	95	8.2	13.6	9	252	19.0	3:46
85	7.3	92	8.3	14.1		248	18.0	3:52
80	7.4	89	8.4	14.6	8	244	17.0	3:58
75	7.5	86	8.5	15.1		240	16.0	4:04
70	7.6	83	8.6	15.6	7	236	15.0	4:10
65	7.7	80	8.7	16.1		232	14.0	4:16
60	7.8	77	8.8	16.6	6	228	13.0	4:22
55	8.0	74	9.0	17.1		224	12.0	4:28
50	8.2	71	9.2	17.6	5	220	11.0	4:34
45	8.4	68	9.4	18.1		216	10.0	4:40
40	8.6	65	9.6	18.6	4	212	9.0	4:46
35	8.8	62	9.9	19.1		208	8.0	4:52
30	9.0	59	10.2	19.6	3	204	7.0	4:58
25	9.2	56	10.5	20.1		200	6.0	5:04
20	9.4	53	10.8	20.6	2	196	4.8	5:10
15	9.6	49	11.1	21.1		192	3.6	5:16
10	9.8	45	11.4	21.6	1	188	2.4	5:22
5	10.0	41	11.7	22.1		184	1.2	5:28
0	≥10.1	≤40	≥11.8	≥22.2		≤183	≤0	≥5:27

表 4-20　15 岁测验项目评分表（女子少年二组）

得分	项目							
	50 米跑（秒）	30 秒跳绳（个）	绕杆跑（秒）	十字象限跳（秒）	仰卧起坐（个）	立定跳远（厘米）	坐位体前屈（厘米）	800 米跑（分秒）
100	≤7.7	≥99	≤8.3	≤13.0	≥53	≥202	≥25.4	≤3:25
95	7.8	96	8.4	13.5	52	199	24.4	3:31
90	7.9	93	8.5	14.0	50	196	23.4	3:37
85	8.0	90	8.6	14.5	48	193	22.4	3:43
80	8.1	87	8.7	15.0	46	190	21.4	3:49
75	8.2	84	8.8	15.5	44	187	20.4	3:55
70	8.3	81	8.9	16.0	42	184	19.4	4:02
65	8.5	78	9.1	16.5	40	181	18.4	4:09
60	8.7	75	9.3	17.0	38	178	17.4	4:16
55	8.9	72	9.5	17.5	36	174	16.4	4:23
50	9.1	69	9.7	18.0	34	170	15.2	4:30
45	9.3	66	9.9	18.5	32	166	14.0	4:37
40	9.5	63	10.1	19.0	30	162	12.6	4:44
35	9.7	59	10.3	19.5	28	158	11.2	4:51
30	9.9	55	10.5	20.0	26	154	9.8	4:58
25	10.1	51	10.8	20.5	24	150	8.4	5:05
20	10.3	47	11.1	21.0	22	146	7.0	5:12
15	10.5	43	11.4	21.5	20	142	5.6	5:19
10	10.7	39	11.7	22.0	18	138	4.2	5:26
5	10.9	35	12.0	22.5	16	134	2.8	5:33
0	≥11.0	≤34	≥12.1	≥22.6	≤15	≤133	≤2.7	≥5:40

表 4-21　16 岁测验项目评分表（男子少年二组）

得分	项目							
	50 米跑（秒）	30 秒跳绳（个）	绕杆跑（秒）	十字象限跳（秒）	引体向上（个）	立定跳远（厘米）	坐位体前屈（厘米）	1000 米跑（分秒）
100	≤6.9	≥102	≤7.8	≤12.4	≥11	≥262	≥22.5	≤3:29
95	7.0	99	7.9	12.9		258	21.5	3:35
90	7.1	96	8.0	13.4	10	254	20.5	3:41
85	7.2	93	8.1	13.9		250	19.5	3:47
80	7.3	90	8.2	14.4	9	246	18.5	3:53
75	7.4	87	8.3	14.9		242	17.5	3:59
70	7.5	84	8.4	15.4	8	238	16.5	4:05
65	7.6	81	8.5	15.9		234	15.5	4:11
60	7.7	78	8.6	16.4	7	230	14.5	4:17
55	7.8	75	8.8	16.9		226	13.5	4:23
50	7.9	72	9.0	17.4	6	222	12.5	4:29
45	8.0	69	9.2	17.9		218	11.5	4:35
40	8.2	66	9.4	18.4	5	214	10.5	4:41
35	8.4	63	9.7	18.9		210	9.5	4:47
30	8.6	60	10.0	19.4	4	206	8.5	4:53
25	8.8	57	10.3	19.9		202	7.5	4:59
20	9.0	54	10.6	20.4	3	198	6.3	5:05
15	9.2	50	10.9	20.9		194	5.1	5:11
10	9.4	46	11.2	21.4	2	190	3.9	5:17
5	9.6	42	11.5	21.9	1	186	2.7	5:23
0	≥9.7	≤41	≥11.6	≥22.0		≤185	≤1.5	≥5:24

表 4-22 16 岁测验项目评分表（女子少年二组）

得分	项目							
	50 米跑（秒）	30 秒跳绳（个）	绕杆跑（秒）	十字象限跳（秒）	仰卧起坐（个）	立定跳远（厘米）	坐位体前屈（厘米）	800 米跑（分秒）
100	≤7.7	≥100	≤8.3	≤12.8	≥54	≥204	≥27.4	≤3:23
95	7.8	97	8.4	13.3	53	201	26.4	3:28
90	7.9	94	8.5	13.8	51	198	25.4	3:33
85	8.0	91	8.6	14.3	49	195	24.4	3:38
80	8.1	88	8.7	14.8	47	192	23.4	3:43
75	8.2	85	8.8	15.3	45	189	22.4	3:49
70	8.3	82	8.9	15.8	43	186	21.4	3:55
65	8.5	79	9.1	16.3	41	183	20.4	4:01
60	8.7	76	9.3	16.8	39	180	19.4	4:07
55	8.9	73	9.5	17.3	37	176	18.4	4:13
50	9.1	70	9.7	17.8	35	172	17.2	4:19
45	9.3	67	9.9	18.3	33	168	16.0	4:25
40	9.5	64	10.1	18.8	31	164	14.6	4:32
35	9.7	60	10.3	19.3	29	160	13.2	4:39
30	9.9	56	10.5	19.8	27	156	11.8	4:46
25	10.1	52	10.8	20.3	25	152	10.4	4:53
20	10.3	48	11.1	20.8	23	148	9.0	5:01
15	10.5	44	11.4	21.3	21	144	7.6	5:09
10	10.7	40	11.7	21.8	19	140	6.2	5:17
5	10.9	36	12.0	22.3	17	136	4.8	5:25
0	≥11.0	≤35	≥12.1	≥22.4	≤16	≤135	≤4.7	≥5:33

表 4-23　17 岁测验项目评分表（男子少年二组）

得分	项目							
	50 米跑（秒）	30 秒跳绳（个）	绕杆跑（秒）	十字象限跳（秒）	引体向上（个）	立定跳远（厘米）	坐位体前屈（厘米）	1000 米跑（分秒）
100	≤6.8	≥104	≤7.6	≤12.2	≥12	≥264	≥23.0	≤3:27
95	6.9	101	7.7	12.7		260	22.0	3:33
90	7.0	98	7.8	13.2	11	256	21.0	3:39
85	7.1	95	7.9	13.7		252	20.0	3:45
80	7.2	92	8.0	14.2	10	248	19.0	3:51
75	7.3	89	8.1	14.7		244	18.0	3:57
70	7.4	86	8.2	15.2	9	240	17.0	4:03
65	7.5	83	8.3	15.7		236	16.0	4:09
60	7.6	80	8.4	16.2	8	232	15.0	4:15
55	7.7	77	8.6	16.7		228	14.0	4:21
50	7.8	74	8.8	17.2	7	224	13.0	4:27
45	7.9	71	9.0	17.7		220	12.0	4:33
40	8.0	68	9.2	18.2	6	216	11.0	4:39
35	8.2	65	9.5	18.7		212	10.0	4:45
30	8.4	62	9.8	19.2	5	208	9.0	4:51
25	8.6	59	10.1	19.7		204	8.0	4:57
20	8.8	56	10.4	20.2	4	200	6.8	5:03
15	9.0	52	10.7	20.7		196	5.6	5:09
10	9.2	48	11.0	21.2	3	192	4.4	5:15
5	9.4	44	11.3	21.7	2	188	3.2	5:21
0	≥9.5	≤43	≥11.4	≥21.8	1	≤187	≤2	≥5:22

表 4-24　17 岁测验项目评分表（女子少年二组）

得分	项目							
	50 米跑（秒）	30 秒跳绳（个）	绕杆跑（秒）	十字象限跳（秒）	仰卧起坐（个）	立定跳远（厘米）	坐位体前屈（厘米）	800 米跑（分秒）
100	≤7.7	≥100	≤8.5	≤12.6	≥55	≥205	≥27.9	≤3:23
95	7.8	97	8.6	13.1	54	202	26.9	3:28
90	7.9	94	8.7	13.6	52	199	25.9	3:33
85	8.0	91	8.8	14.1	50	196	24.9	3:38
80	8.1	88	8.9	14.6	48	193	23.9	3:43
75	8.2	85	9.0	15.1	46	190	22.9	3:49
70	8.3	82	9.1	15.6	44	187	21.9	3:55
65	8.5	79	9.3	16.1	42	184	20.9	4:01
60	8.7	76	9.5	16.6	40	181	19.9	4:07
55	8.9	73	9.7	17.1	38	177	18.9	4:13
50	9.1	70	9.9	17.6	36	173	17.7	4:19
45	9.3	67	10.1	18.1	34	169	16.5	4:25
40	9.5	64	10.3	18.6	32	165	15.1	4:32
35	9.7	60	10.5	19.1	30	161	13.7	4:39
30	9.9	56	10.7	19.6	28	157	12.3	4:46
25	10.1	52	11.0	20.1	26	153	10.9	4:53
20	10.3	48	11.3	20.6	24	149	9.5	5:01
15	10.5	44	11.6	21.1	22	145	8.1	5:09
10	10.7	40	11.9	21.6	20	141	6.7	5:17
5	10.9	36	12.2	22.1	18	137	5.3	5:25
0	≥11.0	≤35	≥12.3	≥22.2	≤17	≤136	≤3.9	≥5:33

表 4-25 18~24 岁测验项目评分表（男子青年组）

得分	项目							
	50 米跑（秒）	30 秒跳绳（个）	绕杆跑（秒）	十字象限跳（秒）	引体向上（个）	立定跳远（厘米）	坐位体前屈（厘米）	1000 米跑（分秒）
100	≤7.0	≥100	≤7.9	≤12.0	≥13	≥266	≥22.5	≤3:22
95	7.1	97	8.1	12.5		262	21.5	3:26
90	7.2	94	8.3	13.0	12	258	20.5	3:31
85	7.3	91	8.5	13.5		254	19.5	3:36
80	7.4	88	8.7	14.0	11	250	18.5	3:41
75	7.5	85	8.9	14.5		246	17.5	3:47
70	7.6	82	9.1	15.0	10	242	16.5	3:53
65	7.7	79	9.3	15.5		238	15.5	4:00
60	7.8	76	9.5	16.0	9	234	14.5	4:07
55	7.9	73	9.7	16.5		230	13.5	4:14
50	8.0	70	9.9	17.0	8	226	12.5	4:21
45	8.1	67	10.1	17.5		222	11.5	4:28
40	8.2	64	10.3	18.0	7	218	10.5	4:35
35	8.4	61	10.5	18.5		214	9.5	4:42
30	8.6	58	10.7	19.0	6	210	8.5	4:49
25	8.8	55	10.9	19.5		206	7.5	4:56
20	9.0	52	11.1	20.0	5	202	6.3	5:03
15	9.2	48	11.3	20.5		198	5.1	5:10
10	9.5	44	11.5	21.0	4	194	3.9	5:17
5	9.8	40	11.7	21.5	3	190	2.7	5:24
0	≥9.9	≤39	≥11.8	≥21.6	≤2	≤189	≤2.6	≥5:25

表 4-26 18~24 岁测验项目评分表（女子青年组）

得分	项目							
	50 米跑（秒）	30 秒跳绳（个）	绕杆跑（秒）	十字象限跳（秒）	仰卧起坐（个）	立定跳远（厘米）	坐位体前屈（厘米）	800 米跑（分秒）
100	≤7.9	≥96	≤8.8	≤12.5	≥54	≥208	≥26.8	≤3:25
95	8.0	93	8.9	13.0	53	205	25.9	3:30
90	8.1	90	9.0	13.5	51	202	24.9	3:35
85	8.2	87	9.1	14.0	49	199	23.9	3:40
80	8.3	84	9.2	14.5	47	196	22.8	3:45
75	8.4	81	9.3	15.0	45	193	21.7	3:51
70	8.5	78	9.4	15.5	43	190	20.6	3:57
65	8.7	75	9.6	16.0	41	187	19.5	4:03
60	8.9	72	9.8	16.5	39	184	18.3	4:09
55	9.1	69	10.0	17.0	37	180	17.1	4:15
50	9.3	66	10.2	17.5	35	176	15.9	4:21
45	9.5	63	10.4	18.0	33	172	14.7	4:27
40	9.7	60	10.6	18.5	31	168	13.5	4:34
35	9.9	56	10.8	19.0	29	164	12.3	4:41
30	10.1	52	11.0	19.5	27	160	11.1	4:48
25	10.3	48	11.3	20.0	25	156	9.9	4:55
20	10.5	44	11.6	20.5	23	152	8.7	5:03
15	10.7	40	11.9	21.0	21	148	7.5	5:11
10	11.0	36	12.2	21.5	19	144	6.3	5:19
5	11.3	32	12.5	22.0	17	140	5.1	5:27
0	≥11.4	≤31	≥12.6	≥22.1	≤16	≤139	≤5.0	≥5:35

表 4-27　25~29 岁测验项目评分表（男子壮年一组）

得分	项目							
	25 米 ×4 往返跑（秒）	30 秒跳绳（个）	绕杆跑（秒）	坐位体前屈（厘米）	十字象限跳（秒）	立定跳远（厘米）	俯卧撑（个）	1000 米跑（分秒）
100	≤20.0	≥94	≤8.2	≥21.0	≤12.5	≥260	≥50	≤3:45
95	20.6	91	8.5	19.7	13.1	255	48	3:54
90	21.2	88	8.8	18.4	13.7	250	46	4:03
85	21.8	85	9.1	17.1	14.3	245	44	4:12
80	22.4	82	9.4	15.8	14.9	240	42	4:21
75	23.0	79	9.7	14.5	15.5	235	40	4:30
70	23.6	76	10.0	13.2	16.1	230	38	4:39
65	24.2	73	10.3	11.9	16.7	225	36	4:48
60	24.8	70	10.6	10.6	17.3	220	34	4:57
55	25.4	67	10.9	9.3	17.9	215	32	5:06
50	26.0	64	11.2	8.0	18.5	210	30	5:16
45	26.6	61	11.5	6.7	19.1	205	28	5:26
40	27.2	58	11.8	5.4	19.7	200	26	5:36
35	27.8	55	12.1	4.1	20.3	195	24	5:46
30	28.4	52	12.4	2.8	20.9	190	22	5:56
25	29.0	49	12.7	1.5	21.5	185	20	6:06
20	29.6	46	13.0	0.2	22.1	180	18	6:16
15	30.2	42	13.3	-1.1	22.7	175	16	6:26
10	30.8	38	13.6	-2.4	23.3	170	14	6:36
5	31.4	34	13.9	-3.7	23.9	165	12	6:46
0	≥31.5	≤33	≥14.2	≤-3.8	≥24.0	≤164	≤11	≥6:47

表 4-28　25~29 岁测验项目评分表（女子壮年一组）

得分	项目							
	25 米 ×4 往返跑（秒）	30 秒跳绳（个）	绕杆跑（秒）	坐位体前屈（厘米）	十字象限跳（秒）	立定跳远（厘米）	仰卧起坐（个）	800 米跑（分秒）
100	≤23.8	≥90	≤9.3	≥24.0	≤13.0	≥200	≥45	≤4:00
95	24.4	87	9.6	22.9	13.6	196	43	4:07
90	25.0	84	9.9	21.8	14.2	192	41	4:14
85	25.6	81	10.2	20.7	14.8	188	39	4:21
80	26.2	78	10.5	19.6	15.4	184	38	4:28
75	26.8	75	10.8	18.5	16.0	180	36	4:35
70	27.4	72	11.1	17.4	16.6	176	34	4:42
65	28.0	69	11.4	16.3	17.2	172	32	4:49
60	28.6	66	11.7	15.2	17.8	168	30	4:56
55	29.2	63	12.0	14.1	18.4	164	28	5:03
50	29.8	60	12.3	13.0	19.0	160	26	5:10
45	30.4	57	12.6	11.9	19.6	156	24	5:20
40	31.0	54	12.9	10.8	20.2	152	23	5:30
35	31.6	50	13.2	9.7	20.8	148	21	5:40
30	32.2	46	13.5	8.6	21.4	144	19	5:50
25	32.8	42	13.8	7.5	22.0	140	17	6:00
20	33.4	38	14.2	6.4	22.6	136	15	6:10
15	34.0	34	14.6	5.3	23.2	132	13	6:20
10	34.6	30	15.0	4.2	23.8	128	11	6:30
5	35.2	26	15.4	3.1	24.4	124	9	6:40
0	≥35.3	≤25	≥15.5	≤3.0	≥24.5	≤123	≤8	≥6:41

表4-29　30~34岁测验项目评分表（男子壮年一组）

得分	项目							
	25米×4往返跑（秒）	30秒跳绳（个）	绕杆跑（秒）	坐位体前屈（厘米）	十字象限跳（秒）	立定跳远（厘米）	俯卧撑（个）	1000米跑（分秒）
100	≤20.5	≥86	≤8.7	≥20.5	≤13.0	≥250	≥45	≤4:00
95	21.1	83	9.0	19.2	13.7	245	43	4:10
90	21.7	80	9.3	17.9	14.4	240	41	4:20
85	22.3	77	9.6	16.6	15.1	235	39	4:30
80	22.9	74	9.9	15.3	15.8	230	38	4:40
75	23.5	71	10.2	14.0	16.5	225	36	4:50
70	24.1	68	10.5	12.7	17.2	220	34	5:00
65	24.7	65	10.8	11.4	17.9	215	32	5:10
60	25.3	62	11.1	10.1	18.6	210	30	5:20
55	25.9	59	11.4	8.8	19.3	205	28	5:30
50	26.5	56	11.7	7.5	20.0	200	27	5:40
45	27.1	53	12.0	6.2	20.7	195	25	5:51
40	27.7	50	12.3	4.9	21.4	190	23	6:02
35	28.3	47	12.6	3.6	22.1	185	21	6:13
30	28.9	44	12.9	2.3	22.8	180	19	6:24
25	29.5	41	13.2	1.0	23.5	175	17	6:35
20	30.1	38	13.6	-0.3	24.2	170	15	6:46
15	30.7	34	14.0	-1.6	24.9	165	14	6:57
10	31.3	30	14.4	-2.9	25.6	160	12	7:08
5	31.9	26	14.8	-4.2	26.3	155	10	7:19
0	≥32.0	≤25	≥14.9	≤-4.3	≥26.4	≤154	≤9	≥7:30

表 4-30　30~34 岁测验项目评分表（女子壮年一组）

得分	项目							
	25 米 ×4 往返跑（秒）	30 秒跳绳（个）	绕杆跑（秒）	坐位体前屈（厘米）	十字象限跳（秒）	立定跳远（厘米）	仰卧起坐（个）	800 米跑（分秒）
100	≤24.3	≥80	≤9.8	≥23.5	≤13.5	≥190	≥43	≤4:05
95	24.9	82	10.1	22.2	14.2	186	41	4:13
90	25.5	79	10.4	20.9	14.9	182	39	4:21
85	26.1	76	10.7	19.6	15.6	178	37	4:29
80	26.7	73	11.0	18.3	16.3	174	36	4:37
75	27.3	70	11.3	17.0	17.0	170	34	4:45
70	27.9	67	11.6	15.7	17.7	166	32	4:53
65	28.5	64	11.9	14.4	18.4	162	30	5:01
60	29.1	61	12.2	13.1	19.1	158	28	5:09
55	29.7	58	12.5	11.8	19.8	154	26	5:17
50	30.3	55	12.8	10.5	20.5	150	25	5:27
45	30.9	52	13.1	9.2	21.2	146	23	5:37
40	31.5	49	13.4	7.9	21.9	142	21	5:47
35	32.1	45	13.7	6.6	22.6	138	19	5:57
30	32.7	41	14.0	5.3	23.3	134	17	6:07
25	33.3	37	14.3	4.0	24.0	130	15	6:17
20	33.9	33	14.6	2.7	24.7	126	13	6:27
15	34.5	29	14.9	1.4	25.4	122	12	6:37
10	35.1	25	15.2	0.1	26.1	118	10	6:47
5	35.7	21	15.5	-1.2	26.8	114	8	6:57
0	≥35.8	≤20	≥15.6	≤-1.3	≥26.9	≤113	≤7	≥6:58

表 4-31　35~39 岁测验项目评分表（男子壮年一组）

得分	项目							
	25 米 ×4 往返跑（秒）	30 秒跳绳（个）	绕杆跑（秒）	坐位体前屈（厘米）	十字象限跳（秒）	立定跳远（厘米）	俯卧撑（个）	1000 米跑（分秒）
100	≤21.1	≥80	≤9.1	≥20.0	≤13.5	≥240	≥40	≤4:15
95	21.7	77	9.4	18.7	14.3	235	38	4:25
90	22.3	74	9.7	17.4	15.1	230	37	4:35
85	22.9	71	10.0	16.1	15.9	225	35	4:45
80	23.5	68	10.3	14.8	16.7	220	33	4:55
75	24.1	65	10.6	13.5	17.5	215	32	5:05
70	24.7	62	10.9	12.2	18.3	210	30	5:15
65	25.3	59	11.2	10.9	19.1	205	28	5:25
60	25.9	56	11.5	9.6	19.9	200	26	5:35
55	26.5	53	11.8	8.3	20.7	195	25	5:45
50	27.1	50	12.1	7.0	21.5	190	23	5:55
45	27.7	47	12.4	5.7	22.3	185	21	6:08
40	28.3	44	12.7	4.4	23.1	180	20	6:21
35	28.9	41	13.0	3.1	23.9	175	18	6:34
30	29.5	38	13.3	1.8	24.7	170	16	6:47
25	30.1	35	13.6	0.5	25.5	165	15	7:00
20	30.7	32	14.0	-0.8	26.3	160	13	7:13
15	31.3	28	14.4	-2.1	27.1	155	11	7:26
10	31.9	24	14.8	-3.4	27.9	150	9	7:39
5	32.5	20	15.2	-4.7	28.7	145	8	7:52
0	≥32.6	≤19	≥15.2	≤-4.8	≥28.8	≤144	≤7	≥7:53

表 4-32　35~39 岁测验项目评分表（女子壮年一组）

得分	项目							
	25 米 ×4 往返跑（秒）	30 秒跳绳（个）	绕杆跑（秒）	坐位体前屈（厘米）	十字象限跳（秒）	立定跳远（厘米）	仰卧起坐（个）	800 米跑（分秒）
100	≤24.8	≥75	≤9.9	≥23	≤14.0	≥185	≥40	≤4:10
95	25.5	77	10.2	21.7	14.8	181	38	4:20
90	26.2	74	10.5	20.4	15.6	177	36	4:30
85	26.9	71	10.8	19.1	16.4	173	35	4:40
80	27.6	68	11.1	17.8	17.2	169	33	4:50
75	28.3	65	11.4	16.5	18.0	165	31	5:00
70	29.0	62	11.7	15.2	18.8	161	29	5:10
65	29.7	59	12	13.9	19.6	157	27	5:20
60	30.4	56	12.3	12.6	20.4	153	26	5:30
55	31.1	53	12.6	11.3	21.2	149	24	5:40
50	31.8	50	12.9	10.0	22.0	145	22	5:51
45	32.5	47	13.2	8.7	22.8	141	20	6:02
40	33.2	44	13.5	7.4	23.6	137	18	6:13
35	33.9	41	13.8	6.1	24.4	133	17	6:24
30	34.6	38	14.1	4.8	25.2	129	15	6:35
25	35.3	34	14.4	3.5	26.0	125	13	6:46
20	36.0	30	14.7	2.2	26.8	121	11	6:57
15	36.7	26	15	0.9	27.6	117	9	7:08
10	37.4	22	15.3	-0.4	28.4	113	8	7:19
5	38.1	18	15.6	-1.7	29.2	109	6	7:30
0	≥38.2	≤17	≥15.7	≤-1.8	≥29.3	≤108	≤5	≥7:31

表 4-33　40~44 岁测验项目评分表（男子壮年一组）

得分	项目							
	25 米 ×4 往返跑（秒）	30 秒跳绳（个）	绕杆跑（秒）	坐位体前屈（厘米）	十字象限跳（秒）	立定跳远（厘米）	俯卧撑（个）	1000 米跑（分秒）
100	≤21.8	≥75	≤9.4	≥19.5	≤14.0	≥230	≥35	≤4:30
95	22.4	72	9.7	18.2	14.9	225	34	4:40
90	23.0	69	10.0	16.9	15.8	220	32	4:50
85	23.6	66	10.3	15.6	16.7	215	31	5:00
80	24.2	63	10.6	14.3	17.6	210	29	5:10
75	24.8	60	10.9	13.0	18.5	205	28	5:20
70	25.4	57	11.2	11.7	19.4	200	26	5:30
65	26.0	54	11.5	10.4	20.3	195	24	5:40
60	26.6	51	11.8	9.1	21.2	190	23	5:50
55	27.2	48	12.1	7.8	22.1	185	21	6:00
50	27.8	45	12.4	6.5	23.0	180	20	6:10
45	28.4	42	12.7	5.2	23.9	175	18	6:25
40	29.0	39	13.0	3.9	24.8	170	17	6:40
35	29.6	36	13.3	2.6	25.7	165	15	6:55
30	30.2	33	13.6	1.3	26.6	160	13	7:10
25	30.8	30	13.9	0.0	27.5	155	12	7:25
20	31.4	26	14.3	-1.3	28.4	150	10	7:40
15	32.0	23	14.7	-2.6	29.3	145	9	7:55
10	32.6	20	15.1	-3.9	30.2	140	7	8:10
5	33.2	17	15.5	-5.2	31.1	135	6	8:25
0	≥33.3	≤17	≥15.6	≤-5.3	≥31.2	≤134	≤5	≥8:40

表 4-34　40~44 岁测验项目评分表（女子壮年一组）

得分	项目							
	25 米 ×4 往返跑（秒）	30 秒跳绳（个）	绕杆跑（秒）	坐位体前屈（厘米）	十字象限跳（秒）	立定跳远（厘米）	仰卧起坐（个）	800 米跑（分秒）
100	≤25.3	≥72	≤10.1	≥22.5	≤14.5	≥180	≥38	≤4:15
95	26.0	74	10.4	21.1	15.4	176	36	4:25
90	26.7	71	10.7	19.7	16.3	172	34	4:35
85	27.4	68	11.0	18.3	17.2	168	33	4:45
80	28.1	65	11.3	16.9	18.1	164	31	4:55
75	28.8	62	11.6	15.5	19.0	160	29	5:05
70	29.5	59	11.9	14.1	19.9	156	27	5:15
65	30.2	56	12.2	12.7	20.8	152	25	5:25
60	30.9	53	12.5	11.3	21.7	148	24	5:35
55	31.6	50	12.8	9.9	22.6	144	22	5:45
50	32.3	47	13.1	8.5	23.5	140	20	5:55
45	33.0	44	13.4	7.1	24.4	136	18	6:10
40	33.7	41	13.7	5.7	25.3	132	16	6:25
35	34.4	38	14.0	4.3	26.2	128	15	6:40
30	35.1	35	14.3	2.9	27.1	124	13	6:55
25	35.8	32	14.6	1.5	28.0	120	11	7:10
20	36.5	29	14.9	0.1	28.9	116	9	7:25
15	37.2	25	15.2	−1.3	29.8	112	7	7:40
10	37.9	21	15.5	−2.7	30.7	108	6	7:55
5	38.6	17	15.8	−4.1	31.6	104	4	8:10
0	≥38.7	≤15	≥15.9	≤−4.2	≥31.7	≤103	≤ 3	≥8:11

表4-35　45~49岁测验项目评分表（男子壮年二组）

得分	项目							
	25米×4往返跑（秒）	30秒跳绳（个）	绕杆跑（秒）	坐位体前屈（厘米）	曲线托球跑（秒）	掷实心球（米）	仰卧举腿（个）	3000米快走（分秒）
100	≤22.5	≥70	≤9.7	≥19.0	≤14.5	≥11	≥50	≤23:00
95	23.1	67	10.0	17.7	15.2	10.8	49	23:50
90	23.7	64	10.3	16.4	15.9	10.6	48	24:40
85	24.3	61	10.6	15.1	16.6	10.4	46	25:30
80	24.9	58	10.9	13.8	17.3	10.2	44	26:20
75	25.5	55	11.2	12.5	18.0	10.0	42	27:10
70	26.1	52	11.5	11.2	18.7	9.8	40	28:00
65	26.7	49	11.8	9.9	19.4	9.6	38	28:50
60	27.3	46	12.1	8.6	20.1	9.4	36	29:40
55	27.9	43	12.4	7.3	20.8	9.1	34	30:30
50	28.5	40	12.7	6.0	21.5	8.8	32	31:20
45	29.1	37	13.0	4.7	22.2	8.5	30	32:10
40	29.7	34	13.3	3.4	22.9	8.2	28	33:00
35	30.3	31	13.6	2.1	23.6	7.9	26	34:00
30	30.9	28	13.9	0.8	24.3	7.6	24	35:00
25	31.5	25	14.2	-0.5	25.0	7.3	22	36:00
20	32.1	21	14.6	-1.8	25.7	7.0	20	37:00
15	32.7	18	15.0	-3.1	26.4	6.7	18	38:00
10	33.3	15	15.4	-4.4	27.1	6.4	16	39:00
5	33.9	12	15.8	-5.7	27.8	6.1	14	40:00
0	≥34.0	≤12	≥15.9	≤-5.8	≥27.9	≤6	≤13	≥40:01

表 4-36 45~49 岁测验项目评分表（女子壮年二组）

得分	25 米 ×4 往返跑（秒）	30 秒跳绳（个）	绕杆跑（秒）	坐位体前屈（厘米）	曲线托球跑（秒）	掷实心球（米）	仰卧举腿（个）	3000 米快走（分秒）
100	≤25.8	≥66	≤10.3	≥22.0	≤15.0	≥8	≥48	≤25:00
95	26.5	68	10.6	20.6	15.7	7.8	47	25:50
90	27.2	65	10.9	19.2	16.4	7.6	46	26:40
85	27.9	62	11.2	17.8	17.1	7.4	44	27:30
80	28.6	59	11.5	16.4	17.8	7.2	42	28:20
75	29.3	56	11.8	15.0	18.5	7.0	40	29:10
70	30.0	53	12.1	13.6	19.2	6.8	38	30:00
65	30.7	50	12.4	12.2	19.9	6.6	36	30:50
60	31.4	47	12.7	10.8	20.6	6.4	34	31:40
55	32.1	44	13.0	9.4	21.3	6.1	32	32:30
50	32.8	41	13.3	8.0	22	5.8	30	33:20
45	33.5	38	13.6	6.6	22.7	5.5	28	34:10
40	34.2	35	13.9	5.2	23.4	5.2	26	35:00
35	34.9	32	14.2	3.8	24.1	4.9	24	36:00
30	35.6	29	14.5	2.4	24.8	4.6	22	37:00
25	36.3	26	14.8	1.0	25.5	4.3	20	38:00
20	37.0	23	15.1	-0.4	26.2	4.0	18	39:00
15	37.7	20	15.4	-1.8	26.9	3.7	16	40:00
10	38.4	16	15.7	-3.2	27.6	3.4	14	41:00
5	39.1	12	16.0	-4.6	28.3	3.1	12	42:00
0	≥39.2	≤11	≥16.1	≤-4.7	≥28.4	≤3.0	≤11	≥42:01

表 4-37　50~54 岁测验项目评分表（男子壮年二组）

得分	项目							
	25 米 ×4 往返跑（秒）	30 秒跳绳（个）	绕杆跑（秒）	坐位体前屈（厘米）	曲线托球跑（秒）	掷实心球（米）	仰卧举腿（个）	3000 米快走（分秒）
100	≤23.3	≥63	≤10.0	≥18.5	≤15.5	≥10.5	≥48	≤24:00
95	23.9	60	10.3	17.2	16.2	10.3	47	24:50
90	24.5	57	10.6	15.9	16.9	10.1	46	25:40
85	25.1	54	10.9	14.6	17.6	9.9	44	26:30
80	25.7	51	11.2	13.3	18.3	9.7	42	27:20
75	26.3	48	11.5	12.0	19.0	9.5	40	28:10
70	26.9	45	11.8	10.7	19.7	9.3	38	29:00
65	27.5	42	12.1	9.4	20.4	9.1	36	29:50
60	28.1	39	12.4	8.1	21.1	8.9	34	30:40
55	28.7	36	12.7	6.8	21.8	8.6	32	31:30
50	29.3	33	13.0	5.5	22.5	8.3	30	32:20
45	29.9	30	13.3	4.2	23.2	8.0	28	33:10
40	30.5	27	13.6	2.9	23.9	7.7	26	34:00
35	31.1	24	13.9	1.6	24.6	7.4	24	35:00
30	31.7	21	14.2	0.3	25.3	7.1	22	36:00
25	32.3	18	14.5	-1.0	26.0	6.8	20	37:00
20	32.9	15	15.0	-2.3	26.7	6.5	18	38:00
15	33.5	12	15.5	-3.6	27.4	6.2	16	39:00
10	34.1	9	16.0	-4.9	28.1	5.9	14	40:00
5	34.7	6	16.5	-6.2	28.8	5.6	12	41:00
0	≥34.8	≤5	≥16.6	≤-6.3	≥28.9	≤5.7	≤11	≥41:01

表 4-38　50~54 岁测验项目评分表（女子壮年二组）

得分	项目							
	25 米 ×4 往返跑（秒）	30 秒跳绳（个）	绕杆跑（秒）	坐位体前屈（厘米）	曲线托球跑（秒）	掷实心球（米）	仰卧举腿（个）	3000 米快走（分秒）
100	≤26.3	≥60	≤10.5	≥21.5	≤16	≥7.5	≥46	≤26:00
95	27.1	62	10.8	20.1	16.7	7.3	45	26:50
90	27.9	59	11.1	18.7	17.4	7.1	44	27:40
85	28.7	56	11.4	17.3	18.1	6.9	42	28:30
80	29.5	53	11.7	15.9	18.8	6.7	40	29:20
75	30.3	50	12.0	14.5	19.5	6.5	38	30:10
70	31.1	47	12.3	13.1	20.2	6.3	36	31:00
65	31.9	44	12.6	11.7	20.9	6.1	34	31:50
60	32.7	41	12.9	10.3	21.6	5.9	32	32:40
55	33.5	38	13.2	8.9	22.3	5.6	30	33:30
50	34.3	35	13.5	7.5	23.0	5.3	28	34:20
45	35.1	32	13.9	6.1	23.7	5.0	26	35:10
40	35.9	29	14.3	4.7	24.4	4.7	24	36:00
35	36.7	26	14.7	3.3	25.1	4.4	22	37:00
30	37.5	23	15.1	1.9	25.8	4.1	20	38:00
25	38.3	20	15.5	0.5	26.5	3.8	18	39:00
20	39.1	17	16.0	-0.9	27.2	3.5	16	40:00
15	39.9	14	16.5	-2.3	27.9	3.2	14	41:00
10	40.7	10	17.0	-3.7	28.6	2.9	12	42:00
5	41.5	6	17.5	-5.1	29.3	2.6	10	43:00
0	≥41.6	≤5	≥17.6	≤-5.2	≥29.4	≤2.5	≤9	≥43:01

表 4-39　55~59 岁测验项目评分表（男子壮年二组）

得分	项目							
	25 米 ×4 往返跑（秒）	30 秒跳绳（个）	绕杆跑（秒）	坐位体前屈（厘米）	曲线托球跑（秒）	掷实心球（米）	仰卧举腿（个）	3000 米快走（分秒）
100	≤24.2	≥60	≤10.5	≥18.0	≤16.5	≥10.0	≥46	≤25:00
95	24.8	57	10.8	16.7	17.2	9.8	45	25:50
90	25.4	54	11.1	15.4	17.9	9.6	44	26:40
85	26.0	51	11.4	14.1	18.6	9.4	42	27:30
80	26.6	48	11.7	12.8	19.3	9.2	40	28:20
75	27.2	45	12.0	11.5	20.0	9.0	38	29:10
70	27.8	42	12.3	10.2	20.7	8.8	36	30:00
65	28.4	39	12.6	8.9	21.4	8.6	34	30:50
60	29.0	36	12.9	7.6	22.1	8.4	32	31:40
55	29.6	33	13.2	6.3	22.8	8.1	30	32:30
50	30.2	30	13.5	5.0	23.5	7.8	28	33:20
45	30.8	27	13.8	3.7	24.2	7.5	26	34:10
40	31.4	24	14.1	2.4	24.9	7.2	24	35:00
35	32.0	21	14.4	1.1	25.6	6.9	22	36:00
30	32.6	18	14.7	-0.2	26.3	6.6	20	37:00
25	33.2	15	15.0	-1.5	27.0	6.3	18	38:00
20	33.8	12	15.5	-2.8	27.7	6.0	16	39:00
15	34.4	9	16.0	-4.1	28.4	5.7	14	40:00
10	35.0	6	16.5	-5.4	29.1	5.4	12	41:00
5	35.6	3	17.0	-6.7	29.8	5.1	10	42:00
0	≥35.7	≤2	≥18.2	≤-6.8	≥29.9	≤5.0	≤9	≥42:01

表 4-40　55~59 岁测验项目评分表（女子壮年二组）

得分	项目							
	25 米 ×4 往返跑（秒）	30 秒跳绳（个）	绕杆跑（秒）	坐位体前屈（厘米）	曲线托球跑（秒）	掷实心球（米）	仰卧举腿（个）	3000 米快走（分秒）
100	≤26.8	≥56	≤10.8	≥20.5	≤17.0	≥7.0	≥44	≤27:00
95	27.6	58	11.1	19.1	17.7	6.8	43	27:50
90	28.4	55	11.4	17.7	18.4	6.6	42	28:40
85	29.2	52	11.7	16.3	19.1	6.4	40	29:30
80	30.0	49	12.0	14.9	19.8	6.2	38	30:20
75	30.8	46	12.3	13.5	20.5	6.0	36	31:10
70	31.6	43	12.6	12.1	21.2	5.8	34	32:00
65	32.4	40	12.9	10.7	21.9	5.6	32	32:50
60	33.2	37	13.2	9.3	22.6	5.4	30	33:40
55	34.0	34	13.5	7.9	23.3	5.1	28	34:30
50	34.8	31	13.8	6.5	24.0	4.8	26	35:20
45	35.6	28	14.2	5.1	24.7	4.5	24	36:10
40	36.4	25	14.6	3.7	25.4	4.2	22	37:00
35	37.2	22	15.0	2.3	26.1	3.9	20	38:00
30	38.0	19	15.4	0.9	26.8	3.6	18	39:00
25	38.8	16	15.8	-0.5	27.5	3.3	16	40:00
20	39.6	13	16.3	-1.9	28.2	3.0	14	41:00
15	40.4	10	16.8	-3.3	28.9	2.7	12	42:00
10	41.2	6	17.3	-4.7	29.6	2.4	10	43:00
5	42.0	2	17.8	-6.1	30.3	2.1	8	44:00
0	≥42.1	≤1	≥17.9	≤-6.2	≥30.4	≤2.0	≤7	≥44:01

表 4-41　60~64 岁测验项目评分表（男子老年组）

得分	项目				
	仰卧举腿（个）	掷实心球（米）	曲线托球跑（秒）	3000 米快走（分秒）	坐位体前屈（厘米）
100	≥45	≥9.5	≤18.0	≤26:00	≥17.0
95	44	9.3	18.8	26:50	15.7
90	43	9.1	19.6	27:40	14.4
85	41	8.9	20.4	28:30	13.1
80	39	8.7	21.2	29:20	11.8
75	37	8.5	22.0	30:10	10.5
70	35	8.3	22.8	31:00	9.2
65	33	8.1	23.6	31:50	7.9
60	31	7.9	24.4	32:40	6.6
55	29	7.6	25.2	33:30	5.3
50	27	7.3	26.0	34:20	4.0
45	25	7.0	26.8	35:10	2.7
40	23	6.7	27.6	36:00	1.4
35	21	6.4	28.4	37:00	0.1
30	19	6.1	29.2	38:00	-1.2
25	17	5.8	30.0	39:00	-2.5
20	15	5.5	30.8	40:00	-3.8
15	13	5.2	31.6	41:00	-5.1
10	11	4.9	32.4	42:00	-6.4
5	9	4.6	33.2	43:00	-7.7
0	≤8	≤4.5	≥33.3	≥43:01	≤-7.8

表 4-42　60~64 岁测验项目评分表（女子老年组）

得分	项目				
	仰卧举腿（个）	掷实心球（米）	曲线托球跑（秒）	3000 米快走（分秒）	坐位体前屈（厘米）
100	≥43	≥6.5	≤18.5	≤28:00	≥19.0
95	42	6.3	19.3	28:50	18.0
90	41	6.1	20.1	29:40	17.0
85	39	5.9	20.9	30:30	15.7
80	37	5.7	21.7	31:20	14.3
75	35	5.5	22.5	32:10	12.9
70	33	5.3	23.3	33:00	11.5
65	31	5.1	24.1	33:50	10.1
60	29	4.9	24.9	34:40	8.7
55	27	4.6	25.7	35:30	7.3
50	25	4.3	26.5	36:20	5.9
45	23	4.0	27.3	37:10	4.5
40	21	3.7	28.1	38:00	3.1
35	19	3.4	28.9	39:00	1.7
30	17	3.1	29.7	40:00	0.3
25	15	2.8	30.5	41:00	-1.1
20	13	2.5	31.3	42:00	-2.5
15	11	2.2	32.1	43:00	-3.9
10	9	1.9	32.9	44:00	-5.3
5	7	1.6	33.7	45:00	-6.7
0	≤6	≤1.5	≥33.8	≥45:01	≤-6.8

表 4-43 65~69 岁测验项目评分表（男子老年组）

得分	项目				
	仰卧举腿（个）	掷实心球（米）	曲线托球跑（秒）	3000 米快走（分秒）	坐位体前屈（厘米）
100	≥44	≥9.0	≤20	≤27:00	≥15.5
95	43	8.8	20.8	27:50	14.4
90	42	8.6	21.6	28:40	13.2
85	40	8.4	22.4	29:30	11.8
80	38	8.2	23.2	30:20	10.4
75	36	8.0	24.0	31:10	9.0
70	34	7.8	24.8	32:00	7.6
65	32	7.6	25.6	32:50	6.2
60	30	7.4	26.4	33:40	4.8
55	28	7.1	27.2	34:30	3.4
50	26	6.8	28.0	35:20	2.0
45	24	6.5	28.8	36:10	0.6
40	22	6.2	29.6	37:00	-0.4
35	20	5.9	30.4	38:00	-1.8
30	18	5.6	31.2	39:00	-3.2
25	16	5.3	32.0	40:00	-4.6
20	14	5.0	32.8	41:00	-6.0
15	12	4.7	33.6	42:00	-7.4
10	10	4.4	34.4	43:00	-8.8
5	8	4.1	35.2	44:00	-10.2
0	≤7	≤4.0	≥35.3	≥44:01	≤-10.3

表 4-44　65~69 岁测验项目评分表（女子老年组）

得分	项目				
	仰卧举腿（个）	掷实心球（米）	曲线托球跑（秒）	3000 米快走（分秒）	坐位体前屈（厘米）
100	≥42	≥6.0	≤20.5	≤29:00	≥17.5
95	41	5.8	21.3	29:50	16.3
90	40	5.6	22.1	30:40	15.0
85	38	5.4	22.9	31:30	13.7
80	36	5.2	23.7	32:20	12.4
75	34	5.0	24.5	33:10	11.0
70	32	4.8	25.3	34:00	9.6
65	30	4.6	26.1	34:50	8.2
60	28	4.4	26.9	35:40	6.8
55	26	4.1	27.7	36:30	5.4
50	24	3.8	28.5	37:20	4.0
45	22	3.5	29.3	38:10	2.6
40	20	3.2	30.1	39:00	1.2
35	18	2.9	30.9	40:00	-0.2
30	16	2.6	31.7	41:00	-1.6
25	14	2.3	32.5	42:00	-3.0
20	12	2.0	33.3	43:00	-4.4
15	10	1.7	34.1	44:00	-5.8
10	8	1.4	34.9	45:00	-7.2
5	6	1.1	35.7	46:00	-8.6
0	≤5	≤1.0	≥35.8	≥46:01	≤-8.7

4.2 评级标准

表 4-45　测验评级标准

等级	分数	等次
一级	500	优秀
二级	450~499	
三级	400~449	
四级	375~399	良好
五级	350~374	
六级	320~349	
七级	280~319	及格
八级	240~279	
九级	200~239	
199（含）以下		不及格

PART 05

第五部分

测验表格及测验流程

5.1 测验表格说明

- 此部分测验单为《国家体育锻炼标准》评价系统软件生成样式。
- 使用时，先在软件注册受试者信息，之后打印相应测验单。
- 测验单内容包括受试者基本信息、测验项目相关信息、二维码信息。
- 录入受试者测验数据时，使用与《国家体育锻炼标准》评价系统软件相匹配的二维码扫描枪扫描测验单中的二维码，跳转至受试者测验成绩登记页面后进行成绩数据的录入。

5.2 测验表格样式

表 5-1　儿童一组测验单

儿童一组

国家体育锻炼标准测验单

• **会员信息**

会 员 号：000001	姓　名：儿童一组男 0	身份证号：　—
性　别：　男	年　龄：　6	出生日期：2013-01-02
年龄分组：儿童一组	民　族：　—	测验时间：2019-01-16
手机号码：1381137****	单　位：　—	

• **测验禁忌**

1. 运动中应定时检查锻炼强度，如果过于激烈，请放缓速度。如有下列症状应停止运动，及时就医：上身不适无力、气短、骨关节不适；胸部疼痛或胸闷、感觉眩晕或胃不舒服；出冷汗；肌肉痉挛。

2. 锻炼时要穿着宽松、舒适、透气的衣服，不宜过多，最好穿着运动鞋。

3. 对有头晕及头痛等不良感觉的人，应适当减少运动负荷，并注意在监督下进行。

• **测验项目**

项目类别	测验项目	有效范围	测验值	记分员签字
速度	30 米跑（秒）	5.0~20.0		
速度	30 秒跳绳（个）	0~200		
耐力	300 米跑（分钟 · 秒）	0:45~4:00		
耐力	50 米 ×6 往返跑（分钟 · 秒）	0:45~4:00		
力量	1 分钟仰卧起坐（个）	0~99		
力量	立定跳远（厘米）	10~400		
灵敏	绕杆跑（秒）	0.0~99.9		
灵敏	十字象限跳（秒）	0.0~99.9		
柔韧	坐位体前屈（厘米）	-20.0~40.0		

注：测验项目分五类，每类选测一项（老年组五项均测）才能出具极具针对性的国家体育锻炼标准评定报告，请尽快完成全部的国家体育锻炼标准测验项目。谢谢合作！

检录人：

国家体育总局制发 **日　期：**

表 5-2 儿童二组测验单

国家体育锻炼标准测验单

• 会员信息

会 员 号：000005	姓 名：儿童二组男 0	身份证号： —
性 别： 男	年 龄： 9	出生日期：2010-01-02
年龄分组：儿童二组	民 族： —	测验时间：2019-01-16
手机号码：1381137****	单 位： —	

• 测验禁忌

1. 运动中应定时检查锻炼强度，如果过于激烈，请放缓速度。如有下列症状应停止运动，及时就医：上身不适无力、气短、骨关节不适；胸部疼痛或胸闷、感觉眩晕或胃不舒服；出冷汗；肌肉痉挛。

2. 锻炼时要穿着宽松、舒适、透气的衣服，不宜过多，最好穿着运动鞋。

3. 对有头晕及头痛等不良感觉的人，应适当减少运动负荷，并注意在监督下进行。

• **测验项目**

项目类别	测验项目	有效范围	测验值	记分员签字
速度	50 米跑（秒）	5.0~20.0		
速度	30 秒跳绳（个）	0~200		
耐力	400 米跑（分钟 · 秒）	0:45~4:00		
耐力	50 米 ×8 往返跑（分钟 · 秒）	0:45~4:00		
力量	1 分钟仰卧起坐（个）	0~99		
力量	立定跳远（厘米）	10~400		
灵敏	绕杆跑（秒）	0.0~99.9		
灵敏	十字象限跳（秒）	0.0~99.9		
柔韧	坐位体前屈（厘米）	-20.0~40.0		

注：测验项目分五类，每类选测一项（老年组五项均测）才能出具极具针对性的国家体育锻炼标准评定报告，请尽快完成全部的国家体育锻炼标准测验项目。谢谢合作！

检录人：

国家体育总局制发 **日　期：**

表 5-3　少年组男子测验单

少年一组

国家体育锻炼标准测验单

• 会员信息

会 员 号：000009	姓　名：少年一组男 0	身份证号：　—
性　　别：　男	年　龄：　12	出生日期：2007-01-02
年龄分组：少年一组	民　族：　—	测验时间：2019-01-16
手机号码：1381137****	单　位：　—	

• 测验禁忌

1. 运动中应定时检查锻炼强度，如果过于激烈，请放缓速度。如有下列症状应停止运动，及时就医：上身不适无力、气短、骨关节不适；胸部疼痛或胸闷、感觉眩晕或胃不舒服；出冷汗；肌肉痉挛。

2. 锻炼时要穿着宽松、舒适、透气的衣服，不宜过多，最好穿着运动鞋。

3. 对有头晕及头痛等不良感觉的人，应适当减少运动负荷，并注意在监督下进行。

• **测验项目**

项目类别	测验项目	有效范围	测验值	记分员签字
速度	50 米跑（秒）	5.0~20.0		
速度	30 秒跳绳（个）	0~200		
耐力	1000 米跑（分钟 · 秒）	2:00~9:00		
力量	引体向上（个）	1~99		
力量	立定跳远（厘米）	10~400		
灵敏	绕杆跑（秒）	0.0~99.9		
灵敏	十字象限跳（秒）	0.0~99.9		
柔韧	坐位体前屈（厘米）	-20.0~40.0		

注：测验项目分五类，每类选测一项（老年组五项均测）才能出具极具针对性的国家体育锻炼标准评定报告，请尽快完成全部的国家体育锻炼标准测验项目。谢谢合作！

检录人：

国家体育总局制发　　　　日　期：

表 5-4　少年组女子测验单

少年一组

国家体育锻炼标准测验单

• 会员信息

会 员 号：000011	姓　名：少年一组女 0	身份证号：　—
性　别：　女	年　龄：　12	出生日期：2007-01-02
年龄分组：少年一组	民　族：　—	测验时间：2019-01-16
手机号码：1381137****	单　位：　—	

• 测验禁忌

1. 运动中应定时检查锻炼强度，如果过于激烈，请放缓速度。如有下列症状应停止运动，及时就医：上身不适无力、气短、骨关节不适；胸部疼痛或胸闷、感觉眩晕或胃不舒服；出冷汗；肌肉痉挛。

2. 锻炼时要穿着宽松、舒适、透气的衣服，不宜过多，最好穿着运动鞋。

3. 对有头晕及头痛等不良感觉的人，应适当减少运动负荷，并注意在监督下进行。

• **测验项目**

项目类别	测验项目	有效范围	测验值	记分员签字
速度	50 米跑（秒）	5.0~20.0		
速度	30 秒跳绳（个）	0~200		
耐力	800 米跑（分钟 · 秒）	2:00~9:00		
力量	1 分钟仰卧起坐（个）	0~99		
力量	立定跳远（厘米）	10~400		
灵敏	绕杆跑（秒）	0.0~99.9		
灵敏	十字象限跳（秒）	0.0~99.9		
柔韧	坐位体前屈（厘米）	-20.0~40.0		

注：测验项目分五类，每类选测一项（老年组五项均测）才能出具极具针对性的国家体育锻炼标准评定报告，请尽快完成全部的国家体育锻炼标准测验项目。谢谢合作！

检录人：

国家体育总局制发　　　　日　期：

表 5-5 青年组男子测验单

青年组

国家体育锻炼标准测验单

• 会员信息

会 员 号：000017	姓 名：青年组男 0	身份证号： —
性 别： 男	年 龄： 18	出生日期：2007-01-02
年龄分组：青年组	民 族： —	测验时间：2019-01-16
手机号码：1381137****	单 位： —	

• 测验禁忌

1. 运动中应定时检查锻炼强度，如果过于激烈，请放缓速度。如有下列症状应停止运动，及时就医：上身不适无力、气短、骨关节不适；胸部疼痛或胸闷、感觉眩晕或胃不舒服；出冷汗；肌肉痉挛。

2. 锻炼时要穿着宽松、舒适、透气的衣服，不宜过多，最好穿着运动鞋。

3. 对有头晕及头痛等不良感觉的人，应适当减少运动负荷，并注意在监督下进行。

• **测验项目**

项目类别	测验项目	有效范围	测验值	记分员签字
速度	50 米跑（秒）	5.0~20.0		
速度	30 秒跳绳（个）	0~200		
耐力	1000 米跑（分钟 · 秒）	2:00~9:00		
力量	引体向上（个）	1~99		
力量	立定跳远（厘米）	10~400		
灵敏	绕杆跑（秒）	0.0~99.9		
灵敏	十字象限跳（秒）	0.0~99.9		
柔韧	坐位体前屈（厘米）	-20.0~40.0		

注：测验项目分五类，每类选测一项（老年组五项均测）才能出具极具针对性的国家体育锻炼标准评定报告，请尽快完成全部的国家体育锻炼标准测验项目。谢谢合作！

检录人：

国家体育总局制发　　　　日　期：

表 5-6 青年组女子测验单

青年组

国家体育锻炼标准测验单

• 会员信息

会 员 号：000019	姓 名：青年组女 0	身份证号： —
性 别： 女	年 龄： 18	出生日期：2001-01-02
年龄分组：青年组	民 族： —	测验时间：2019-01-16
手机号码：1381137****	单 位： —	

• 测验禁忌

1. 运动中应定时检查锻炼强度，如果过于激烈，请放缓速度。如有下列症状应停止运动，及时就医：上身不适无力、气短、骨关节不适；胸部疼痛或胸闷、感觉眩晕或胃不舒服；出冷汗；肌肉痉挛。

2. 锻炼时要穿着宽松、舒适、透气的衣服，不宜过多，最好穿着运动鞋。

3. 对有头晕及头痛等不良感觉的人，应适当减少运动负荷，并注意在监督下进行。

• **测验项目**

项目类别	测验项目	有效范围	测验值	记分员签字
速度	50 米跑（秒）	5.0~20.0		
速度	30 秒跳绳（个）	0~200		
耐力	800 米跑（分钟 · 秒）	2:00~9:00		
力量	1 分钟仰卧起坐（个）	0~99		
力量	立定跳远（厘米）	10~400		
灵敏	绕杆跑（秒）	0.0~99.9		
灵敏	十字象限跳（秒）	0.0~99.9		
柔韧	坐位体前屈（厘米）	-20.0~40.0		

注：测验项目分五类，每类选测一项（老年组五项均测）才能出具极具针对性的国家体育锻炼标准评定报告，请尽快完成全部的国家体育锻炼标准测验项目。谢谢合作！

检录人：

国家体育总局制发　　　　日　期：

表 5-7　壮年一组男子测验单

壮年一组

国家体育锻炼标准测验单

•会员信息

会 员 号：000021	姓　名：壮年一组男 0	身份证号：　—
性　别：　男	年　龄：　25	出生日期：1994-01-02
年龄分组：壮年一组	民　族：　—	测验时间：2019-01-16
手机号码：1381137****	单　位：　—	

•测验禁忌

1. 运动中应定时检查锻炼强度，如果过于激烈，请放缓速度。如有下列症状应停止运动，及时就医：上身不适无力、气短、骨关节不适；胸部疼痛或胸闷、感觉眩晕或胃不舒服；出冷汗；肌肉痉挛。

2. 锻炼时要穿着宽松、舒适、透气的衣服，不宜过多，最好穿着运动鞋。

3. 对有头晕及头痛等不良感觉的人，应适当减少运动负荷，并注意在监督下进行。

• **测验项目**

项目类别	测验项目	有效范围	测验值	记分员签字
速度	25米×4往返跑（秒）	5.0~120.0		
速度	30秒跳绳（个）	0~200		
耐力	1000米跑（分钟·秒）	2:00~9:00		
力量	俯卧撑（个）	0~99		
力量	立定跳远（厘米）	10~400		
灵敏	绕杆跑（秒）	0.0~99.9		
灵敏	十字象限跳（秒）	0.0~99.9		
柔韧	坐位体前屈（厘米）	-20.0~40.0		

注：测验项目分五类，每类选测一项（老年组五项均测）才能出具极具针对性的国家体育锻炼标准评定报告，请尽快完成全部的国家体育锻炼标准测验项目。谢谢合作！

检录人：

国家体育总局制发　　　　　　　　日　期：

表 5-8 壮年一组女子测验单

壮年一组

国家体育锻炼标准测验单

• **会员信息**

会 员 号：000023	姓 名：壮年一组女 0	身份证号： —
性 别： 女	年 龄： 25	出生日期：1994-01-02
年龄分组：壮年一组	民 族： —	测验时间：2019-01-16
手机号码：1381137****	单 位： —	

• **测验禁忌**

1. 运动中应定时检查锻炼强度，如果过于激烈，请放缓速度。如有下列症状应停止运动，及时就医：上身不适无力、气短、骨关节不适；胸部疼痛或胸闷、感觉眩晕或胃不舒服；出冷汗；肌肉痉挛。

2. 锻炼时要穿着宽松、舒适、透气的衣服，不宜过多，最好穿着运动鞋。

3. 对有头晕及头痛等不良感觉的人，应适当减少运动负荷，并注意在监督下进行。

• 测验项目

项目类别	测验项目	有效范围	测验值	记分员签字
速度	25 米 ×4 往返跑（秒）	5.0~120.0		
速度	30 秒跳绳（个）	0~200		
耐力	800 米跑（分钟 · 秒）	2:00~9:00		
力量	1 分钟仰卧起坐（个）	0~99		
力量	立定跳远（厘米）	10~400		
灵敏	绕杆跑（秒）	0.0~99.9		
灵敏	十字象限跳（秒）	0.0~99.9		
柔韧	坐位体前屈（厘米）	-20.0~40.0		

注：测验项目分五类，每类选测一项（老年组五项均测）才能出具极具针对性的国家体育锻炼标准评定报告，请尽快完成全部的国家体育锻炼标准测验项目。谢谢合作！

检录人：

国家体育总局制发　　　　日　期：

表 5-9　壮年二组测验单

壮年二组

国家体育锻炼标准测验单

•会员信息

会 员 号：000025	姓　名：壮年二组男 0	身份证号：　—
性　别：　男	年　龄：　45	出生日期：1974-01-02
年龄分组：壮年二组	民　族：　—	测验时间：2019-01-16
手机号码：1381137****	单　位：　—	

•测验禁忌

1. 运动中应定时检查锻炼强度，如果过于激烈，请放缓速度。如有下列症状应停止运动，及时就医：上身不适无力、气短、骨关节不适；胸部疼痛或胸闷、感觉眩晕或胃不舒服；出冷汗；肌肉痉挛。

2. 锻炼时要穿着宽松、舒适、透气的衣服，不宜过多，最好穿着运动鞋。

3. 对有头晕及头痛等不良感觉的人，应适当减少运动负荷，并注意在监督下进行。

• **测验项目**

项目类别	测验项目	有效范围	测验值	记分员签字
速度	25米×4往返跑（秒）	5.0~120.0		
速度	30秒跳绳（个）	0~200		
耐力	3000快走（分钟·秒）	6:00~60:00		
力量	1分钟仰卧起坐（个）	1~99		
力量	掷实心球（米）	1.0~25.0		
灵敏	绕杆跑（秒）	0.0~99.9		
灵敏	曲线托球跑（秒）	5.0~60.0		
柔韧	坐位体前屈（厘米）	-20.0~40.0		

注：测验项目分五类，每类选测一项（老年组五项均测）才能出具极具针对性的国家体育锻炼标准评定报告，请尽快完成全部的国家体育锻炼标准测验项目。谢谢合作！

检录人：

国家体育总局制发　　　　日　期：

表 5-10　老年组测验单

老年组

国家体育锻炼标准测验单

• 会员信息

会 员 号：000029	姓　名：老年组男 0	身份证号：　—
性　别：　男	年　龄：　60	出生日期：1959-01-02
年龄分组：老年组	民　族：　—	测验时间：2019-01-16
手机号码：1381137****	单　位：	—

• 测验禁忌

1. 运动中应定时检查锻炼强度，如果过于激烈，请放缓速度。如有下列症状应停止运动，及时就医：上身不适无力、气短、骨关节不适；胸部疼痛或胸闷、感觉眩晕或胃不舒服；出冷汗；肌肉痉挛。

2. 锻炼时要穿着宽松、舒适、透气的衣服，不宜过多，最好穿着运动鞋。

3. 对有头晕及头痛等不良感觉的人，应适当减少运动负荷，并注意在监督下进行。

• **测验项目**

项目类别	测验项目	有效范围	测验值	记分员签字
速度	3000 米快走（分钟·秒）	6:00~60:00		
力量	1 分钟仰卧举腿（个）	1~99		
力量	掷实心球（米）	1.0~25.0		
灵敏	曲线托球跑（秒）	5.0~60.0		
柔韧	坐位体前屈（厘米）	-20.0~40.0		

注：测验项目分五类，每类选测一项（老年组五项均测）才能出具极具针对性的国家体育锻炼标准评定报告，请尽快完成全部的国家体育锻炼标准测验项目。谢谢合作！

检录人：

国家体育总局制发　　　　**日　期：**

5.3 测验流程

建立组委会
确认规模、时间、测验项目
落实测验场地、准备测验器材
向参加单位发通知
参加单位组织报名并填写登记表
场地规划、工作人员培训、整体彩排
回收、装订登记表
现场填写表格及检录（查录）
录入测验成绩系统
按组别进行分组，由引导员带入场地进行测验
受试者依次进行测验，彩排核对信息、录入成绩
测验全部结束，回收项目成绩表，依照评价原则给出成绩
裁判长根据测验成绩系统给出的成绩，进行随机核对，校对无误后，打印并公布成绩

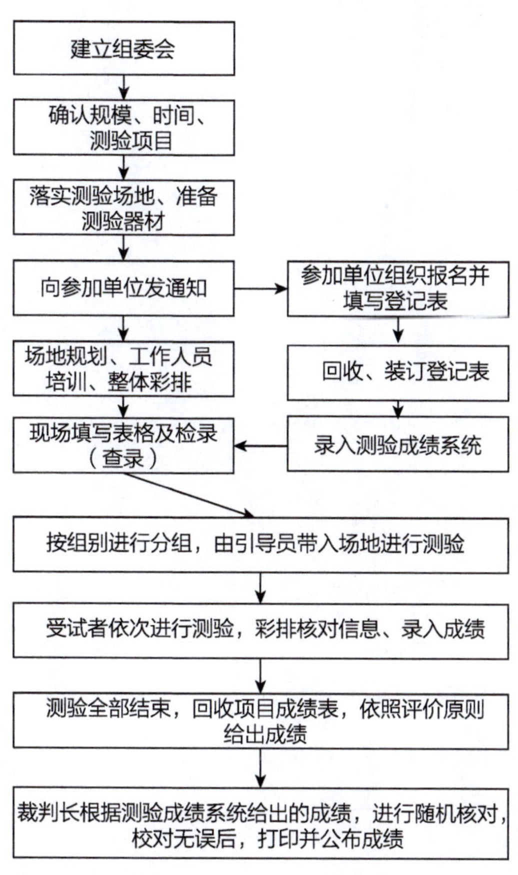

PART 06

第六部分

测验器材及场地介绍

6.1 规范性引用文件

下列文件对于本文件的应用是必不可少的。凡是注日期的引用文件，仅注日期的版本适用于本文件。凡是不注日期的引用文件，其最新版本（包括所有的修改单）适用于本文件。

GB/T 5296.1　消费品使用说明 总则

GB/T 5296.7　消费品使用说明 第 7 部分：体育器材

GB/T 19851.12—2005　中小学体育器材和场地 第 12 部分：学生体质健康测试器材

GB/T 19851.20—2007　中小学体育器材和场地 第 20 部分：跳绳

GB/T 23115—2008　乒乓球拍

GB 24613　玩具用涂料中有害物质限量

GB/T 26572　电子电气产品中限用物质的限量要求

体育总局 教育部 全国总工会关于印发《国家体育锻炼标准施行办法》的通知（体群字〔2013〕153 号）

6.2 分类

按测验器材类别可分为：

——机械类测验器材；

——电子类测验器材；

——智能类测验器材。

6.3 配置要求

（1）测验器材配置应满足《国家体育锻炼标准施行办法》的要求。

（2）测验器材配置应考虑使用人群、使用场所等。

（3）机械类测验器材应携带方便、操作简单。

（4）机械类测验器材配置应符合表 6-1 的要求。

表 6-1　机械类测验器材配置表

<table>
<tr><th>序号</th><th colspan="2">测验项目</th><th>测验器材</th></tr>
<tr><td rowspan="2">1</td><td rowspan="7">跑步</td><td rowspan="2">短跑（30 米、50 米、300 米、400 米）
中长跑（800 米、1000 米）</td><td>机械秒表 / 数字秒表</td></tr>
<tr><td>发令旗 / 发令哨</td></tr>
<tr><td rowspan="3">2</td><td rowspan="3">往返跑（25 米 ×4、50 米 ×6、50 米 ×8）</td><td>机械秒表 / 数字秒表</td></tr>
<tr><td>发令旗 / 发令哨</td></tr>
<tr><td>标杆、底座</td></tr>
<tr><td rowspan="3">3</td><td rowspan="3">绕杆跑</td><td>机械秒表 / 数字秒表</td></tr>
<tr><td>发令旗 / 发令哨</td></tr>
<tr><td>标杆、底座</td></tr>
<tr><td rowspan="3">4</td><td colspan="2" rowspan="3">3000 米快走</td><td>机械秒表 / 数字秒表</td></tr>
<tr><td>发令旗 / 发令哨</td></tr>
<tr><td>号码布（背心）</td></tr>
<tr><td rowspan="3">5</td><td colspan="2" rowspan="3">30 秒跳绳</td><td>跳绳</td></tr>
<tr><td>机械秒表 / 数字秒表</td></tr>
<tr><td>发令哨</td></tr>
<tr><td rowspan="2">6</td><td colspan="2" rowspan="2">1 分钟仰卧起坐</td><td>垫子</td></tr>
<tr><td>机械秒表 / 数字秒表</td></tr>
</table>

续表

序号	测验项目	测验器材
7	引体向上	单杠或引体向上测试器
		机械秒表 / 数字秒表
8	俯卧撑	垫子
9	1 分钟仰卧举腿	垫子
		机械秒表 / 数字秒表
		标杆、底座
10	立定跳远	卷尺
		垫子
11	掷实心球	实心球
		卷尺
12	十字象限跳	机械秒表 / 数字秒表
13	曲线托球跑	机械秒表 / 数字秒表
		发令旗 / 发令哨
		乒乓球拍
		网球
14	坐位体前屈	坐位体前屈测试仪

（5）电子类测验器材配置应符合表 6-2 的要求。

表 6-2　电子类测验器材配置表

序号	测验项目		测验器材
1	跑步	短跑（30 米、50 米、300 米、400 米）	跑步测试仪
2		中长跑（800 米、1000 米）	中长跑测试仪
3		往返跑（25 米 ×4、50 米 ×6、50 米 ×8）	往返跑测试仪
4		绕杆跑	绕杆跑测试仪

续表

序号	测验项目	测验器材
5	3000 米快走	快步走测试仪
6	30 秒跳绳	跳绳测试仪
7	1 分钟仰卧起坐	仰卧起坐测试仪
8	引体向上	引体向上测试仪
9	俯卧撑	俯卧撑测试仪
10	1 分钟仰卧举腿	仰卧举腿测试仪
11	立定跳远	立定跳远测试仪
12	掷实心球	掷实心球测试仪
13	十字象限跳	十字象限跳测试仪
14	曲线托球跑	曲线托球跑测试仪
15	坐位体前屈	坐位体前屈测试仪

（6）智能类测验器材配置应符合表 6-3 的要求。

表 6-3　智能类测验器材配置表

序号	测验项目		测验器材
1	跑步	短跑（30 米、50 米、300 米、400 米）	跑步测试仪
2		中长跑（800 米、1000 米）	中长跑测试仪
3		往返跑（25 米 ×4、50 米 ×6、50 米 ×8）	往返跑测试仪
4		绕杆跑	绕杆跑测试仪
5	3000 米快走		快步走测试仪
6	30 秒跳绳		智能跳绳测试仪
7	1 分钟仰卧起坐		智能仰卧起坐测试仪
8	引体向上		智能引体向上测试仪

续表

序号	测验项目	测验器材
9	俯卧撑	智能俯卧撑测试仪
10	1 分钟仰卧举腿	智能仰卧举腿测试仪
11	立定跳远	智能立定跳远测试仪
12	掷实心球	智能掷实心球测试仪
13	十字象限跳	智能十字象限跳测试仪
14	曲线托球跑	智能曲线托球跑测试仪
15	坐位体前屈	智能坐位体前屈测试仪

6.4 器材要求

1. 结构要求

（1）测验器材的结构、功能和可预见的非正常使用不应有潜在危险。

（2）人体易接触的零部件的所有棱边应予以圆滑过渡或加以防护。

2. 功能要求

（1）测验器材的设计应符合人体运动学规律，并应具有安全性、可操作性。

（2）机械类测验器材和电子类测验仪器材应符合 GB/T 19851.12—2005 中 5.1 的要求。

（3）智能类测验器材应具有数据采集、数据传输、数据处理的功能。

3. 精度要求

测验器材精度应符合以下要求：

——计时类：分度值 0.1 秒；误差 ±1.5%；

——距离类：分度值 1 厘米；误差 ±1.5%；

——计数类：误差不超过 1 次。

4. 安全要求

（1）人体易接触的金属部件表面不应有飞边、毛刺。

（2）人体易接触区域不应有剪切点、挤压点、卡夹等伤害手和手指的结构。

（3）有表面涂层的零部件，其有害物质限量应符合 GB 24613 的规定。

（4）电子电气产品中有害物质的限量应符合 GB/T 26572 的规定。

5. 特殊要求

（1）垫子：表面应平整、防滑、表层不应有干扰视觉的图像或标志。应便于移动，拿取方便。

（2）实心球：周长应为 350 ~ 400 毫米，质量应为 1000 克 ±30 克；球体表面应防滑，不应有颗粒脱落、裂缝等；经 10 米自由落体试验后，不应破损。

（3）球拍：应符合 GB/T 23115—2008 中 4.1 和表 6 -1 中对合格品的要求。

（4）网球：质量应为 56.0 ~ 59.5 克，直径应为 63.5 毫米 ~ 67.5 毫米；球面色泽应一致，无明显蓬松、波痕、结团；球缝均匀，无明显缝线。

（5）跳绳：规格尺寸应符合 GB/T 19851.20—2007 中 4.1 的要求；绳与手柄连接应滚动流畅；跳绳的长度调节应便于操作，并有绳的锁紧装置。

（6）标杆：绕杆跑用标杆高度应高于 1.2 米，且不低于被测验人员的身高。

6.5 标志、包装、运输和贮存

标志及使用说明书应符合 GB/T 5296.1、GB/T 5296.7 的相关规定。

包装、运输、贮存应符合 GB/T 19851.12—2005 中 8.2、8.3、8.4 的要求。

6.6 测验场地的整体布局

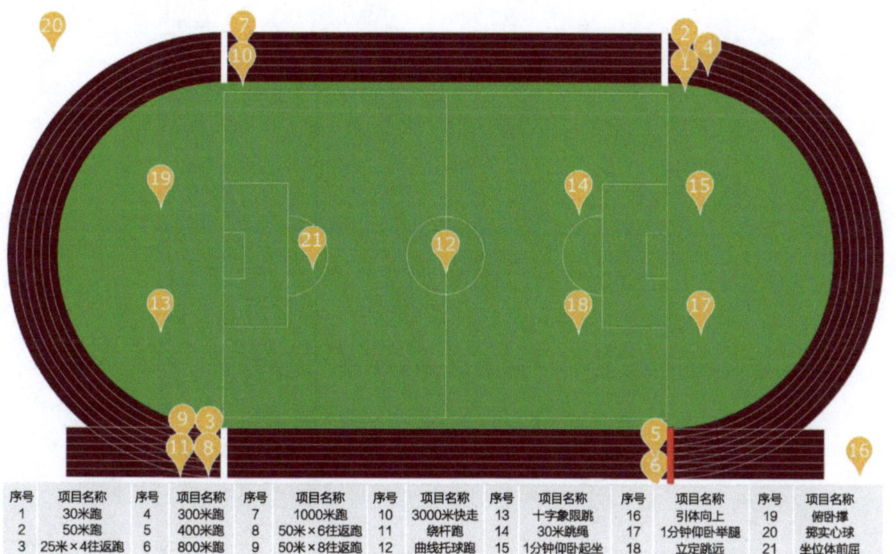

序号	项目名称	序号	项目名称	序号	项目名称	序号	项目名称	序号	项目名称	序号	项目名称	序号	项目名称
1	30米跑	4	300米跑	7	1000米跑	10	3000米快走	13	十字象限跳	16	引体向上	19	俯卧撑
2	50米跑	5	400米跑	8	50米×6往返跑	11	绕杆跑	14	30米跳绳	17	1分钟仰卧举腿	20	掷实心球
3	25米×4往返跑	6	800米跑	9	50米×8往返跑	12	曲线托球跑	15	1分钟仰卧起坐	18	立定跳远	21	坐位体前屈

在安排测验场地时，同类测验项目要相对集中，不同类别的测验项目要间隔一定距离，同时应有明显的标志，以方便受试者。

以上是一个在400米标准跑道的田径场上设计的测验场地示意图，以供布置场地时参考。

PART 07

第七部分

《国家体育锻炼标准》评价系统软件介绍

7.1 软件安装

1. 硬件环境

基本配置 CPU：奔腾 4　2G

内存：DDR　2G

硬盘：80G

推荐配置 CPU：奔腾 4　3G

内存：DDR　4G

硬盘：160G

2. 软件环境

操作系统：Windows XP/Windows 7 及以上版本，系统盘空间最好在 40G 以上。

Windows Installer 3.1

SQL Server2005

Microsoft .NET Framework V2.0

国家体育锻炼标准评价系统安装在 C 盘，需要占用大概 60M 的空间。

3. 安装指南

软件下载地址为 http://www.sport.org.cn/sfa/2020/0612/333444.html，解压缩后，双击 setup.exe 即可进入安装总界面。

7.2 功能介绍及操作说明

1. 登录

• 功能描述

启动程序进行登录的操作内容。

• 操作步骤

▪ 在桌面双击“国家体育锻炼标准评价系统”快捷方式图标（图 7-1）。

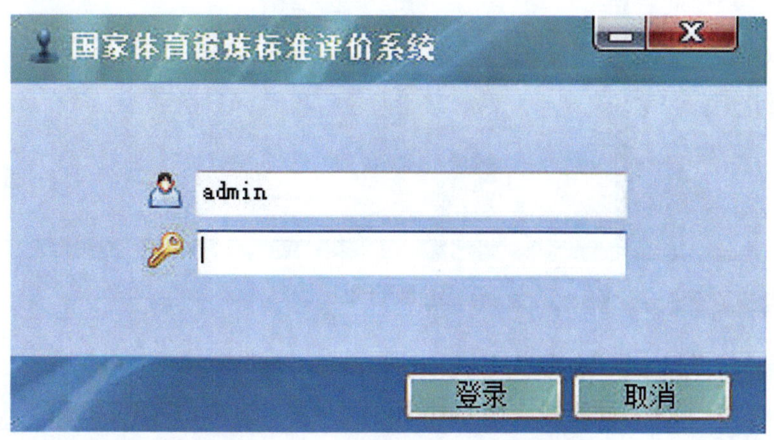

图 7-1

▪ 首次登录的操作员默认为“admin”，口令为“8”。

▪ 首次登录以后，再次进行登录时，操作员默认为上次登录的内容。

▪ 输入正确的操作员和口令后，点击“登录”按钮，进入程序。

如要取消登录，点击“取消”按钮。

2. 工作单位和部门维护

• 功能描述

进行增加、删除、修改工作单位和部门。

• 操作步骤

▪ 进入程序主界面，选择【会员】菜单下的【单位维护】，进入“工作单位和部门信息”界面（图 7-2）。

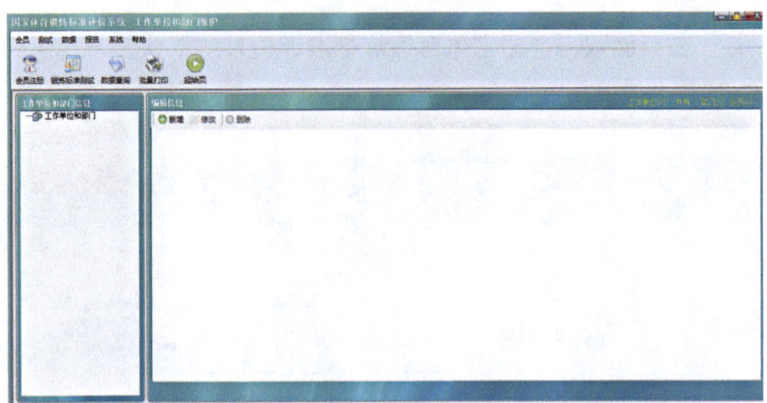

图 7-2

新增工作单位和部门

▪ 选中界面左侧“工作单位和部门信息”的“工作单位和部门”根节点，点击界面右侧“编辑信息”中的“新增”按钮，弹出“工作单位信息”对话框，进行增加工作单位的操作（图 7-3）。

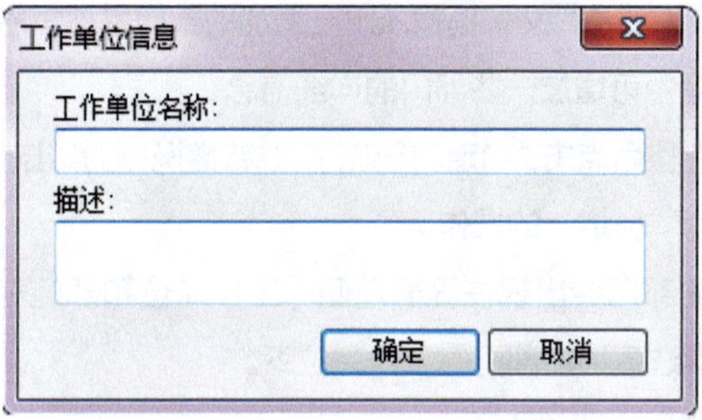

工作单位信息

工作单位名称:

描述:

确定 取消

图 7-3

- 在“工作单位名称”文本框输入想要增加的工作单位名称，在“描述”文本框中可增加一些工作单位的详细信息。
- 填写完整后点击“确定”按钮，完成新增操作。点击“取消”按钮，将取消“新增”的操作。
- 新增的工作单位会出现在界面左侧“工作单位和部门信息”的树结构中。
- 在界面左侧“工作单位和部门信息”的树结构中找到要增加部门的工作单位名称，点击界面右侧“编辑信息”中的“新增”按钮，弹出“部门信息”对话框，进行增加部门的操作（图 7-4）。

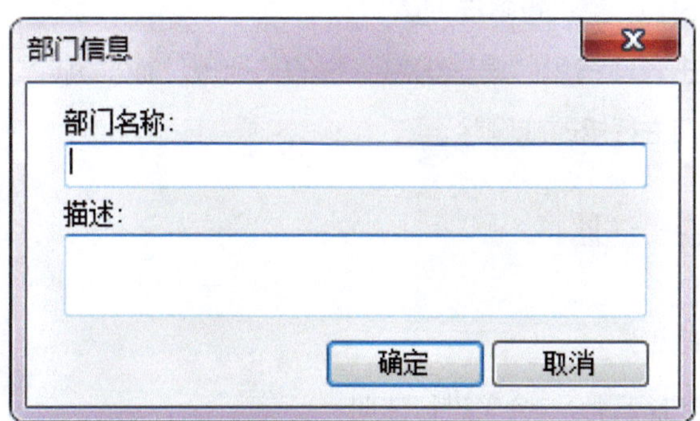

图 7-4

- 在“部门名称”文本框输入想要增加的部门名称信息。在“描述”文本框中可增加一些部门的详细信息。
- 填写完整后点击“确定”按钮，完成新增操作。点击“取消”按钮，将取消“新增”的操作。
- 新增的部门会出现在界面左侧“工作单位和部门信息”的树结构刚刚选择增加部门的工作单位下。

修改、删除工作单位

- 选中界面左侧“工作单位和部门信息”的“工作单位和部门”根节点，在界面右侧“编辑信息”中列出所有的工作单位，选中要进行修改或删除的工作单位（支持“Ctrl”和“Shift”键进行多选）。
- 点击界面右侧“编辑信息”中的“修改”或“删除”按钮，对工作单位进行修改或删除。

修改、删除部门

- 在界面左侧“工作单位和部门信息”的树结构中找到要修改或删除部门的工作单位名称，在界面右侧“编辑信息”中列出其下包含的所有部门，选中要进行修改或删除的部门（支持“Ctrl”和“Shift”键进行多选）。
- 点击界面右侧“编辑信息”中的“修改”或“删除”按钮，对部门进行修改或删除。

3. 会员注册

- **功能描述**

为要进行测验的会员进行注册。

·适用年龄

6~69 岁的会员。

·操作步骤

增加会员

- 进入程序主界面，选择【会员】菜单下的【会员注册】，或者直接点击主界面工具栏中的【会员注册】链接，进入“会员注册”界面（图 7-5）。

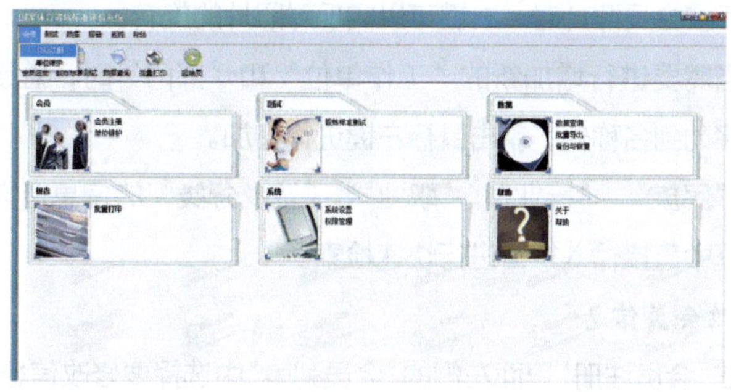

图 7-5

- 进入“会员注册”界面后，点击“新增”按钮，进行添加会员（图 7-6）。

图 7-6

- 输入会员的相关信息，其中带有星号的内容为必填项；测验对象会根据不同的年龄段自动选择，年龄输入后，详细信息项也会进行变更，可以根据需要进行选择填写。
- 会员信息填写完整后，点击“保存”按钮，对会员信息的内容进行保存。点击“取消”按钮将取消所有输入的信息。
- 点击界面右侧的“选项”按钮，可以将上次注册的部分内容进行保存，以便下次注册。
- 新增加的会员出现在“会员注册”界面左侧的“会员列表”中。
- 添加会员照片时，右键可以实现对照片的旋转。
- 当需要进行增加新的“工作单位”和“部门”时，直接将鼠标移动到名称处，单击鼠标左键进行增加。
- “民族”“行业”“职业”“城乡分类”的信息可以在文本框中直接输入拼音进行快速检索。

修改会员信息

- 在“会员注册”界面左侧的“会员列表”中选择要修改信息的会员。
- 直接在“会员注册”界面右侧修改会员的相关信息，修改完成后，点击“保存”按钮，对修改后的信息进行保存。

删除会员

- 在“会员注册”界面左侧的“会员列表”中选择要删除的会员。
- 点击“删除”按钮，出现提示信息“您确定要删除选中的会员信息吗？”选择是，删除会员。
- 也可在“会员列表”中选择要删除的会员，单击鼠标右键，选择“删除”，删除会员，此处删除会员支持“Ctrl”和“Shift”键进行同时删除多个会员。

查询会员

- 查询会员可通过“会员列表”上方提供的查询条件（会员号、姓名、卡号）进行查询，选择相应的查询条件，在查询条件右侧的文本框中输入要查询的信息，点击“查询”按钮，选择“立即查询”。

- 点击“查询”按钮，选择“高级查询”，可以通过更多的查询条件进行查询（图 7-7）。

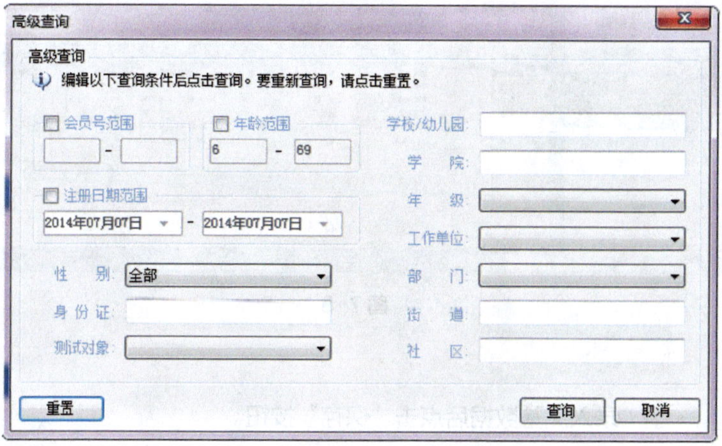

高级查询
高级查询
编辑以下查询条件后点击查询。要重新查询，请点击重置。
会员号范围 -
年龄范围 6 - 69
注册日期范围 2014年07月07日 - 2014年07月07日
性别 全部
身份证
测试对象
学校/幼儿园
学院
年级
工作单位
部门
街道
社区
重置 查询 取消

图 7-7

- 点击“查询”按钮，选择“显示全部”，“会员列表”中将显示所有的会员。

4. 锻炼标准测验

•功能描述

对受试者进行锻炼标准测验。

•适用年龄

6~69 岁的会员。

第七部分

•模块界面（图 7-8）

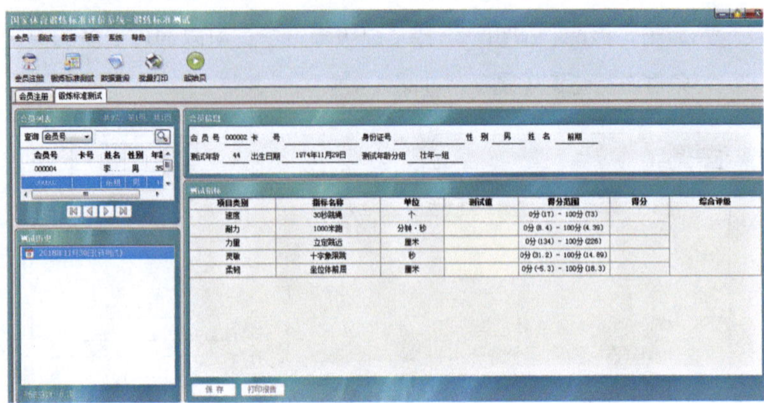

图 7-8

•保存

- 手工录入测验数据后点击“保存”按钮。
- 除了老年组、所有的数据都可以填写保存外，其他的组每一类只能填写其中一项的测验值。
- 在界面上针对性别和年龄有不同的标准表，提供评分依据。超出范围的值，评分标准按照最近边界的标准进行评分。

•打印报告

将测评结果打印，可进行打印预览。能够打印锻炼标准测定报告。

•数据保存规则

- 会员一天之内只保存一条测验记录。
- 非当天的数据都不可以进行修改。

5. 数据查询

•功能描述

用户根据工作的需要可自行设定查询条件进行数据查询。

•模块界面（图 7-9）

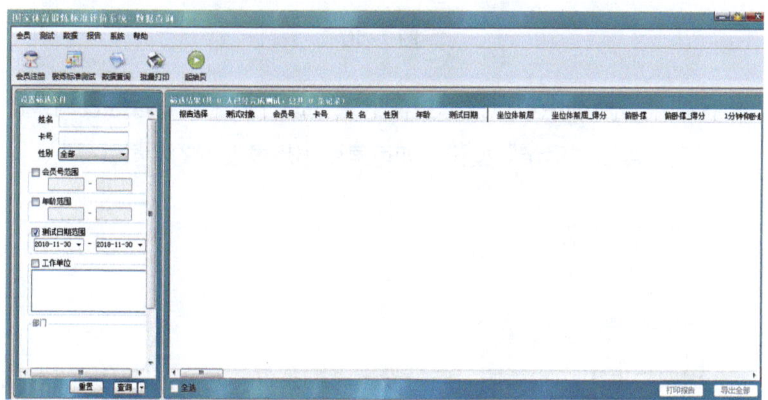

图 7-9

- 模块左侧可根据用户所设置的条件查询出所需会员，此处为快捷索引条件，如果这些条件已经满足查询要求，就可以点击“查询”按钮，从弹出的列表中选择“立即查询”，即可列出所需要的会员。如果认为条件不够，还可以进入“高级查询”（图 7-10）。

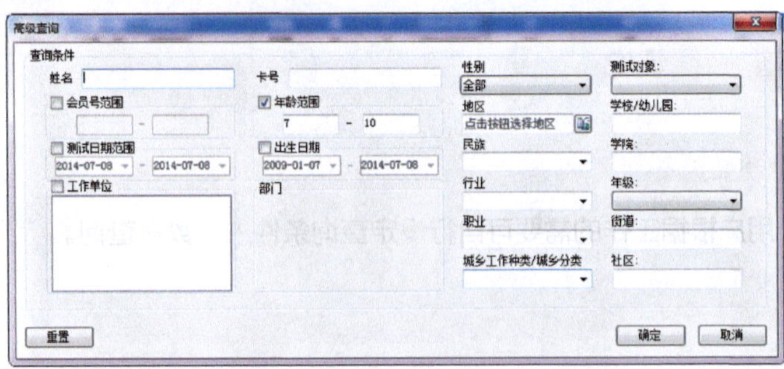

图 7–10

▪ 在高级查询中可以选择更多的条件进行查询，设置好查询条件后，点击“确定”按钮，即可索引出想要搜索的会员。

6. 批量打印

• 功能描述

用户根据工作的需要可自行设定查询条件，对查询的记录进行批量打印。

• 模块界面（图 7–11）

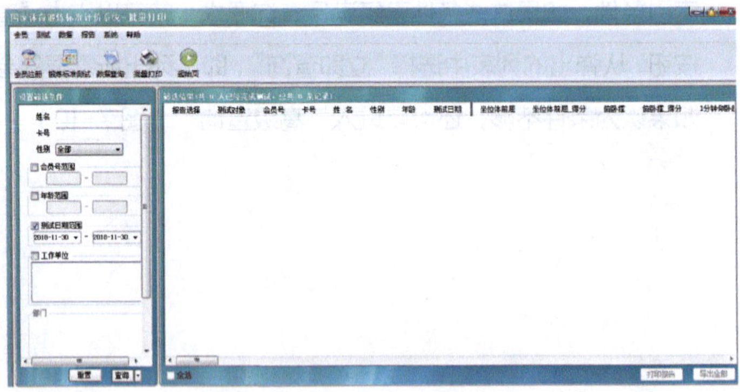

图 7–11

- 模块左侧可根据用户所设置的条件查询出所需会员，此处为快捷索引条件，如果这些条件已经满足查询要求，就可以点击“查询”按钮，从弹出的列表中选择“立即查询”，即可列出所需要的会员。如果认为条件不够，还可以进入高级查询（图 7–12）。

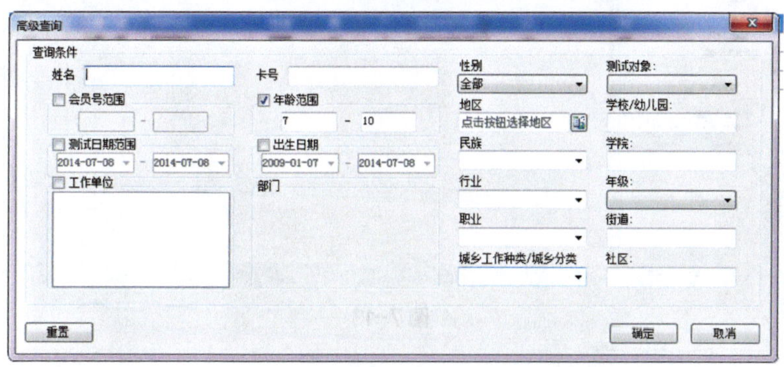

图 7–12

- 在高级查询中可以选择更多的条件进行查询，设置好查询条件后，点击“确定”按钮，即可索引出想要搜索的会员。
- 点击“打印报告”按钮，可以打印所有查询出来勾选的会员的报告。

7. 批量导出

• 功能描述

用户根据工作的需要可自行设定查询条件，对查询的记录进行导出操作，导出的文件为 EXCEL 格式。

•模块界面（图 7–13）

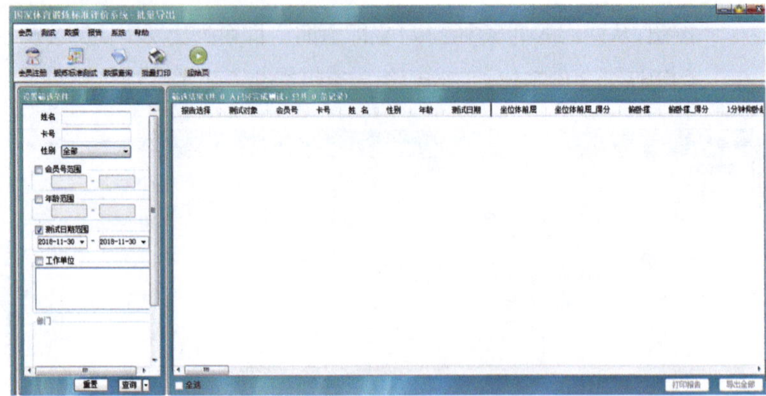

图 7–13

▪ 模块左侧可根据用户所设置的条件查询出所需会员，此处为快捷索引条件，如果这些条件已经满足查询要求，就可以点击“查询”按钮，从弹出的列表中选择“立即查询”，即可列出所需要的会员。如果认为条件不够，还可以进入高级查询（图 7–14）。

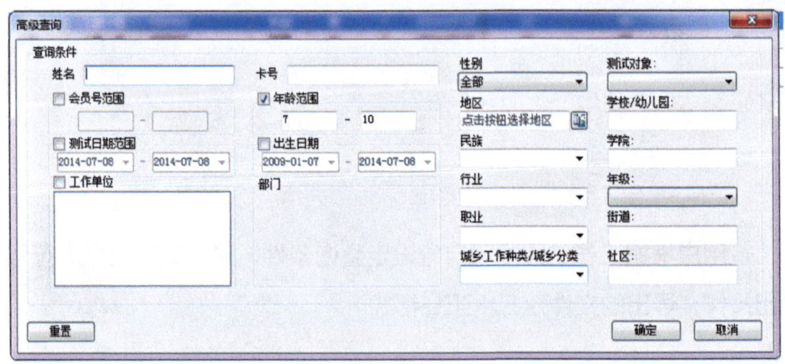

图 7–14

- 在高级查询中可以选择更多的条件进行查询，设置好查询条件后，点击“确定”按钮，即可索引出想要搜索的会员。
- 点击“导出全部”按钮，即可导出所查询出的数据，导出的数据包括所有测验指标的得分和相应的评分及评价。

8. 权限管理

•功能描述

对系统的系统管理员和操作员用户进行管理的模块，可进行增加、删除、修改密码等功能，并显示用户对应的角色菜单。系统管理员可对操作员角色的菜单进行维护，操作员只能对自己的密码进行修改。

•模块界面（图 7-15）

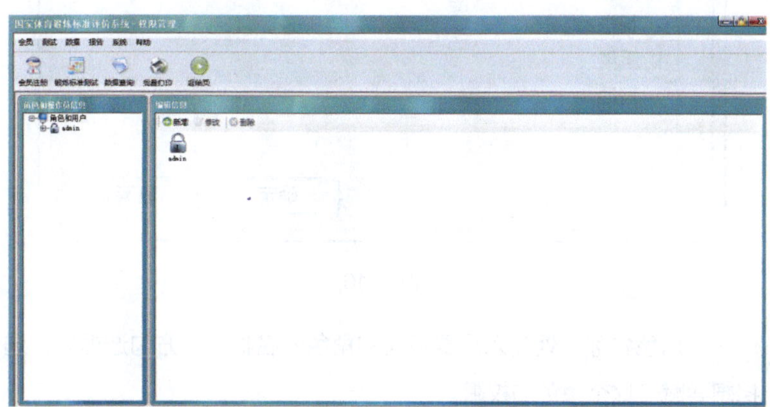

图 7-15

•角色管理

要增加一个新的角色时，鼠标要点击“角色和用户”处，这时会出现如图 7-15 所示界面，点击“新增”按钮即可进入新增角色界面（图 7-16）。

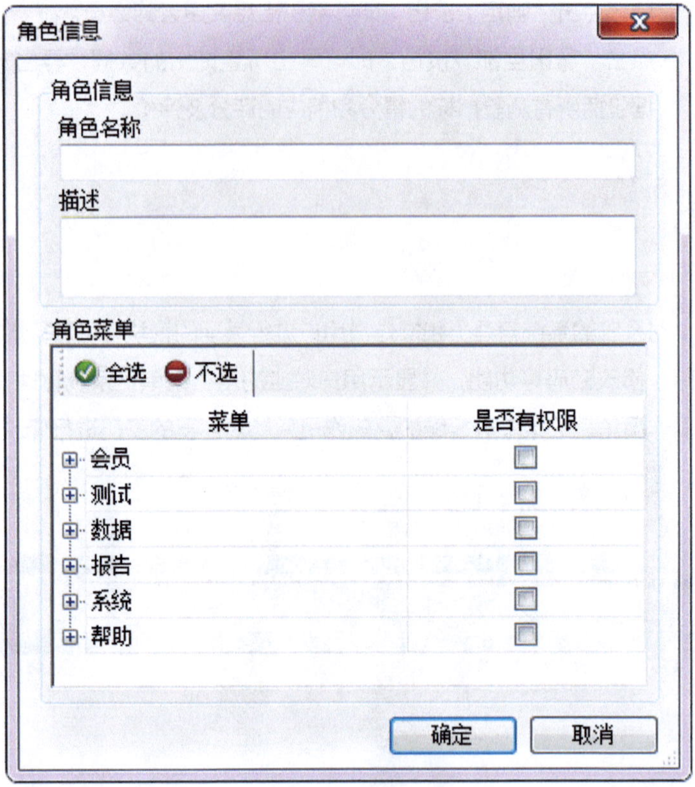

角色信息
角色信息
角色名称
描述
角色菜单
全选 不选

菜单	是否有权限
会员	
测试	
数据	
报告	
系统	
帮助	

确定 取消

图 7-16

“角色名称”处输入想要新建的角色的名称。下方勾选框处，选择想要赋予这个角色的权限。

• **用户管理**

增加一个用户时，要先选中想要给他赋予的角色，如选中的是 admin，这时点击“新增”按钮，进入新增用户界面（图 7-17）。

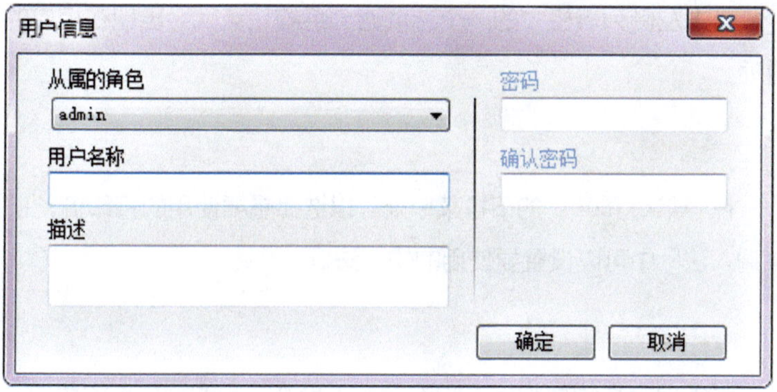

图 7-17

输入用户名称和密码后，就可以使用这个用户登录本系统了。

9. 系统设置

•功能描述

设置系统运行需要的设备设置和打印设置。

•系统测验（图 7-18）

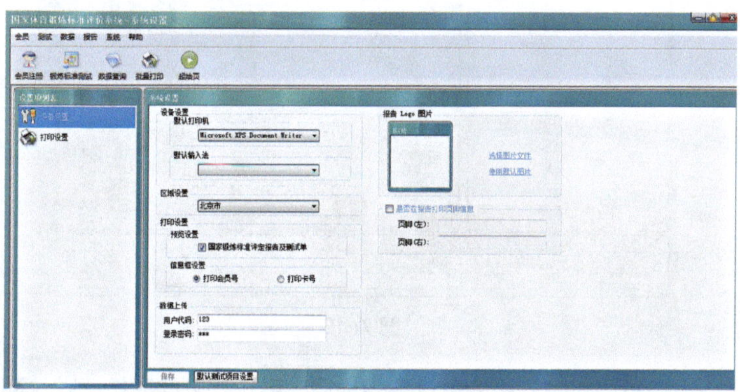

图 7-18

点击左侧列表栏中的一个选项时，系统焦点就会出现在相应的设置项上。

•设备设置

在“默认打印机”的下拉菜单处可以选择想要使用的打印机，在“默认输入法”中可以设置要使用的输入法。

•打印设置

设置自定义的页脚信息和设置是否预览打印的报告，如果勾选掉选择框前面的对钩，打印报告时将不会预览。

•默认测验项目设置（图 7–19）

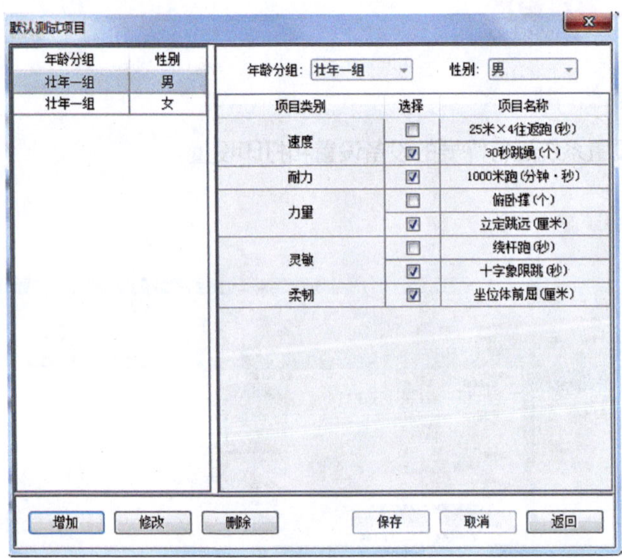

图 7–19

设置不同年龄分组的默认测验项目，系统在测验时按照默认测验项目进行筛选。